Ⓢ新潮新書

浦久俊彦
URAHISA Toshihiko

ベートーヴェンと日本人

884

新潮社

はじめに

はじめてヨーロッパで世界地図をみたとき、日本がもっとも右端の隅に位置していることに小さな衝撃を受けたことを、いまでもよく覚えている。あらためて「Far East（極東）」ということばの意味がわかったとともに、ヨーロッパ人にとって、日本はほんとうに極東の地の果てにある島なのだと知った。

この小さな衝撃は、まだ若かったぼくに大きな気付きをもたらした。それまで「あたりまえ」と思って疑いもしなかったことが、ほんとうに「あたりまえ」なのか？　という疑問が芽生えたことだ。

地図の中央に配置された海が太平洋か大西洋かの違いだけで、世界地図の模様ががらりと変わる。これは球体の地球を無理に平面上の地図に置き換えたから生じることではあっても、視点をずらすだけで物事の見方が大きく変わるということでもある。

ぼくはこれまで、新潮新書でふたりの西欧音楽家について書いてきた。フランツ・リストとパガニーニである。西欧音楽史上の大家であり、後世に多大な影響を与えたふたりだが、なぜか日本ではあまり語られてこなかった。パガニーニにいたっては、いまだ日本語で書かれた伝記が一冊もなかった。そこで、ジグソーパズルの足りないピースを埋めるような想いで、西欧文化・芸術にかんする膨大な書籍のなかに、ささやかな小書を加えさせていただいた。

三冊目となるこの本のテーマは、二〇二〇年に生誕二百五十年を迎えたベートーヴェンである。前出のふたりとは異なりすでに日本でも語り尽くされている「超」有名人だ。でも、この本はこれまで日本語で書かれてきた数多くのベートーヴェンの伝記や研究書とは少し視点が異なる。かの楽聖ベートーヴェン本人については、たったの一言もふれていないことだ。

この本の主人公は、明治時代にはじめて日本にやってきた（つまり、その作品が演奏された）「ニッポンのベートーヴェン」である。ベートーヴェン本人ではない。とはいえ、たとえ作曲者自身は故人でもその作品は生き続けるわけだから、日本におけるベートーヴェンを語ることはベートーヴェンを語ることになるのではないか。「一言もふれない」

という表現はおかしい、ともいいたくなる。

だが、ぼくはこう考える。日本人におなじみの、あの音楽教室の肖像画の苦虫をかみつぶしたような表情のベートーヴェンは、ほんとうに十九世紀革命期のウィーンに生きたベートーヴェンなのか？　それは、日本という風土のなかで日本人が創りあげたベートーヴェン像であり、どこまでも「ニッポンのベートーヴェン」なのではないか？

そして、ぼくはこうも考える。そもそも、ぼくたちは「ベートーヴェンが誰か」をほんとうに知っているのか？　彼が何を考え、何を悩み、どのような哲学を持ち、いかなる宗教を信仰し、どのような想いで音楽に向きあったのかを、ほんとうに知っているといえるのだろうか？

二十一世紀の極東の島国に暮らすぼくたちが、時代も言語も風土も習慣も異なる十九世紀ヨーロッパの革命期という激動の時代を生きたひとりの偉大な魂のことを、ほんとうに「わかる」のだろうか？　いつも隣りで同じ言語で話し、時代も文化も習慣も共有しているはずの身近な家族のことですら、わからないことだらけだというのに——。

ときは、明治十八年。極東の海に浮かぶ小さな島国で、ドイツの偉大な音楽家の作品がはじめて公の場で鳴り響いた。その名は、ルートヴィヒ・ヴァン・ベートーヴェン。作曲家本人が世を去ってから、すでに半世紀以上の歳月が流れていた。

それから、約百三十五年。この音楽家は、島国ニッポンで大作曲家のシンボル的な存在となり、「楽聖」と呼ばれて敬愛され、彼の最後の交響曲『第九』は、日本の暮の風物詩となって、いまやこの国は世界のどこよりも『第九』が演奏される国になった。

明和七年（一七七〇）に遠く海を隔てたドイツに生まれ、文政十年（一八二七）にウィーンで没したひとりの音楽家が、二世紀というはるかな時と空間を隔てて、なぜ日本の「楽聖」にまで登りつめたのか？　未知だったはずの異国の音楽が、なぜ極東の島国の人々の心をつかみ、感動を与え続けているのか？

不思議である。なぜ、ベートーヴェンでなければならなかったのだろうか？

この本でぼくは「ベートーヴェンとは誰か」を書こうとしたのではない。ベートーヴェンは、どのようにして日本人にとって「あたりまえ」の存在になったのか？「あたりまえ」でないことが、「あたりまえ」になっていく過程に想いを巡らせてみたいと思ったのだ。

ところが、少し書きはじめると、これはとてつもないことだとわかってきた。そのような「あたりまえ」は、ぼくたちの生活文化、習慣、常識、言語など、あらゆるところに転がっているからだ。

たとえば、日本語には自分をとりまく環境を現すことばに、「世間」と「社会」という二種類がある。若い頃のぼくにはこれが不思議でならなかった。両親など古い世代の人間が、ことあるごとに「世間体が悪い」とか「世間様に申し訳ない」とか、ありもしない「世間」というものを勝手に作りあげて自分の行動を縛っているように思えたのだ。「世間」ということばに「道理をわきまえる」という日本人ならではの「学び」の精神が活かされていることは、かなり歳を取ってからようやくわかったことだ。

一方、「社会」ということばは、江戸時代まで日本に存在しなかった。西欧文明が輸入されたとき「society」という言葉の意味が、どうも「世間」とは違うらしいということで明治時代に作られた造語だという。とすれば、ぼくたちがいま「あたりまえ」にとらえている「社会」ですら、それまでの日本には存在しない概念、つまり日本にとって「社会」は必要のない概念だったということになる。

このことは、ぼくたちが世界を眺めている「眼」が、じつは明治維新以降の西欧文明の急速な導入によって新しく作られたものでもあるということを示している。

次に、この本のテーマである音楽を例にあげてみる。そもそも「音楽」という言葉も、明治時代に文部省に採用された概念だが、それは本文であらためてふれるとして、ふつう音楽といえば、クラシック音楽やジャズ、ロック、ポップスなど海外の音楽（洋楽と呼ばれる）と、邦楽と呼ばれる日本の音楽に分けられる。ユーミンや桑田佳祐、ミスチルからＡＫＢ48まで、現代の邦楽は紛うことなき日本の音楽である。だが、ほんとうにそうだろうか？

「音楽はドレミでできている」。いま日本では誰もがそれを「あたりまえ」と思っている。「ドレミ」という音名が西欧音階の呼称であり、その音階が西欧由来のものであることは、ほとんど意識もされない。つまり海外から輸入された音楽だけでなく、ぼくたち日本人の心に染みこむ情緒あふれる日本の歌のほとんどが、西欧の音楽語法を基にして組み立てられているのだ。

あらためて考えれば、これは怖いことだ。やや乱暴なたとえだが、日本の音楽言語は、ぼくたちの母国語である日本語ではなく、ラテン語やイタリア語のような外来言語を基礎にしているということだ。これは日本語のなかに外来語が混ざって生活言語ができあがるというレベルの話ではない。ぼくたちは、いつのまにか外国語で作曲をしたり、旋律を口ずさんだりするのが「あたりまえ」になっているのだ。

それを批判しているのではない。なぜ「あたりまえ」でなかったことが「あたりまえ」になったのか？　なぜ多くの人はそれを「あたりまえ」と信じて疑わないのか？　それが不思議なのだ。

「社会」や「音楽」だけではない。それまでの日本の文化や習慣になかった「洋服」も「靴」も「時間」も「教育」も「政治」も、いま、日本で「あたりまえ」になっているさまざまな文化や習慣や制度は、もとをただせば明治期以降に怒濤のように押し寄せた西欧化の大波からはじまった。この西欧化が、いかにこの極東の島国の景色を一変させ、それまでに存在しなかった文明だけでなく意識や概念までをも変えたことか。

もしかすると、日本でベートーヴェンが「あたりまえ」の存在になったことと「社会」や「時間」という西欧の概念が日本人に「あたりまえ」になっていったこととは、どこかで通じているのかもしれない。

この本は、日本のベートーヴェン受容史でもなければ、日本のベートーヴェン演奏史でもない。明治時代にやってきたベートーヴェンというひとりの音楽家の人物像と作品を通して、明治・大正期の日本と西欧文化を眺めてみるという試みである。

あらかじめおことわりしておきたいが、この本では日本のクラシック音楽の黄金時代である昭和期には、あえて足を踏み入れていない。ベートーヴェン演奏で人気のある指揮者たち、たとえばフルトヴェングラーもカラヤンも小澤征爾も一切登場しない。そのかわりに登場するのは、ソーヴレーやクローンや近衛秀麿という、おそらく、とくに若い世代の方々には、聞いたこともない名前の音楽家たちだ。

例外として、最後の二章の『ベートーヴェン百年祭』と、関東大震災から第二次世界大戦までの『第九』の物語だけは大正後期と昭和が舞台となるが、それはこのふたつが「ニッポンのベートーヴェン」を語るうえで欠くことができないテーマだからだ。

たとえば、日本で最初にベートーヴェンが演奏されたのはいつか？　演奏された曲は？　演奏したのは誰か？　というテーマにはもちろんふれるが、この本では、明治・大正期の日本人たちがどのような「耳」で、ベートーヴェンなどの西欧音楽を聴いたのか？　という、いわばその背景を描くことにも重点が置かれている。

明治時代に来日した欧米人が、尺八や三味線の音色に「あれは音楽ではない」と耳を塞いだように、ベートーヴェンが日本ではじめて演奏されたころ、海外のオペラ歌手の公演を聴いた日本人は、まるで「鶏が絞め殺されるような」歌声に大声で笑い出したという。異質の文化である西欧音楽を受け入れることは、それを聴けるだけの「耳を持つ」ことでもあるが、日常生活の娯楽や習慣にも結びついてきた音楽は、食文化がそうであるように、民族の風土、環境や、民族的な特徴でもある音感やリズム感に根付いているために、一朝一夕に変えられるものではない。

西欧音楽の響きが当時の日本人の耳にいかに奇妙なものとして響いたかは、音楽がドレミでできていると「あたりまえ」に信じている耳を持った現代のぼくたちには、想像もできないだろう。

明治・大正期は、クラシック音楽の揺籃期である。西欧音楽のなかでも、ごく限られた時代と地域の特殊な音楽を指す「クラシック」と呼ばれる音楽が、日本の音楽史のなかで大きく華開いたのは昭和期以降であって、明治・大正期はその出発点に過ぎない。

明治期の多くの日本人にとっては、ベートーヴェンなど聞いたこともない名前だったし、大正期の多くの日本人にとっては、ベートーヴェンやモーツァルトよりも、吉田奈良丸の浪花節や竹本染太夫の義太夫のほうが、はるかに身近で偉大な存在だった。

それでも、ベートーヴェンがなぜ日本人にとって「あたりまえ」の存在になったのかを知るためには、西欧音楽とともに西欧のさまざまな文明が怒濤のように押し寄せてきた明治・大正期に立ち戻ってみなければならない。この本があえて、このふたつの時代にこだわったのはそのためだ。

日本がはじめて西欧の近代文明に接したときの驚きや、ベートーヴェンがはじめて鳴り響いたころの街灯のほの暗さ。鹿鳴館時代の奇妙な華やかさや、大正ロマンあふれるレンガの街並みを、この本を手にして下さった読者（とくに明治や大正という時代を意識したこともない若い読者）のみなさまとともに、ぼくは歩いてみたいと思った。

主人公であるはずのベートーヴェンよりも、軍事制度とか日本言語改造論とか明治改暦とか、いっけん関係ないようにみえる事柄に多くのページが割かれているのも、第一章に主人公がまったく登場しないのも、すべては「ニッポンのベートーヴェン」を描くための背景として不可欠なものと考えたからである。

「歴史は、過去の事実を知ることではない。事実について、過去の人がどう考えていたかを知ることである」。これはドイツ文学者、西尾幹二のことばだ。

この本では、過去の人々が何を感じ、どう考えていたかを彼ら自身の言葉で伝えたいために、当時の文章の引用が多く登場する。なかでも文中に別枠で引用した古い文章は、できるかぎりオリジナルの旧仮名遣いと旧漢字を尊重した。軽々しく現代の漢字や文章に置き換えて、時代が持つ空気感が損なわれるのを怖れたためだ。

これも、若い読者にぜひ旧き日本にふれていただきたいと願うゆえである。ぼくもはじめは慣れない文字打ちに戸惑ったが、慣れてくると旧漢字や旧仮名遣いの独特の雰囲気に魅せられ、最後は「戦後の当用漢字略字体はとりかえしのつかない愚挙だった」という中国文学者、高島俊男の主張にもっともだと頷きたくなった。

言葉は消え去る。それは、音が消え去ったあとに残る音楽と同じである。だが、消え去った言葉は、先人たちが遺した言葉が刻まれた本をひもとけば、ありありと眼の前に開けてくる。本という世界の眼を通して歴史と対話することこそが、未来につながる扉であるとぼくは信じている。

この本を読まれた若い読者の方には、ベートーヴェンの伝記や研究書はもとより、日本の近代史、日本文化と西欧文化、日本語と翻訳語など、ぜひ先人たちの優れた著作の数々を手にとっていただきたい。その偉業の数々に敬意を払いながらも、この本に登場するすべての人名の敬称は省略させていただいたことをおことわりしておきたい。

この小さな本が、読者がこれから本という広大な世界の旅を続けるなかでの、ささやかな一冊となれば、望外のしあわせである。

ベートーヴェンと日本人　目次

第一章　文明開化と西欧音楽

文明開化がやってきた！

ジャジャジャジャジャーン！　明治という時代は、はたしてこんな華々しい音とともにはじまったのだろうか。御禁制によって永く閉じられていた極東の島国の重い扉を無理矢理にこじ開けたときの、それはまるで錆び付いた蝶番がぎいぎいと軋むような痛々しい音だったのではないか。

嘉永六年（一八五三）の黒船来航は、まさにその錆び付いた蝶番が弾け飛ぶような衝撃だった。ペリー提督率いるアメリカ海軍艦船の来航は、たんなる来訪ではなく襲来ともいえるショックを、のどかな島国にもたらした。

黒船来航をきっかけに、この極東の島国は欧米の強大な国家と対峙しなければならないという運命に直面する。幕府にとっては喉元に刃を突きつけられた状態ともいえた。

そこからこの国は、はじめて自らを「日本」という国家として意識し、西欧文明を吸収して国家の骨格そのものを作り替えようとした。この国の「近代」と呼ばれるすべては、このときにはじまったのだ。文明開化時代の幕開けである。

そして、この「文明」とは西欧文明を指す言葉でもある。つまり「近代化」とは「西欧化」することとの同義でもあった。まるで、それまでの日本に「文明」が存在しなかったとでもいいたいかのように――。

江戸から明治への転換は、たんなる国家の一大転換点ではない。それまで「国」といえば「藩」や「村」を意味したこの島の人々にとって、「日本」という国は、まさに嘉永六年の黒船来航をきっかけに誕生した「新たな国家」でもあったのだ。

明治初期の日本人には、まだ「日本人」としての自覚はなく、新時代の幕開けとなった「明治維新」という言葉も、慶応から明治に改元されたときには、まだ存在していなかった。作家の半藤一利によれば、明治維新と呼ばれるようになったのは明治十三年頃からのことで、新政府が自分たちのやったことを正当化するために、中国古典から「維新」という言葉を引用して使うようになったのだという。

黒船来航を「突然宇宙人がやってきたようなもの」といった人がいる。『「舞姫」の主人公をバンカラとアフリカ人がボコボコにする最高の小説の世界が明治に存在したので20万字くらいかけて紹介する本』という異様に長いタイトルの本の著者、山下泰平である。明治期に西欧の技術や文明がぞくぞくと輸入された状況を、彼は「宇宙人が、未知の技術を持ってやってくる。素晴らしい発展が望める反面、彼らがどの程度まで友好的なのかは不明、そんな状況下で不安にならないほうがおかしい。不安な明治の人々は自衛のために、西洋を吸収しつつも、可能なかぎり早く追い抜くべきだという結論を出した」と書く。ほんとうにそんな結論を出せるほどの余裕が当時の日本にあったかどうかはともかく、「明治維新」という時代の呼称も追いつかないほど、凄まじく狂乱的なスピードのなかに日本は巻き込まれていったのだ。

日本で最初の革命歌

そのころの日本には、どのような音が鳴り響いていたのだろうか。幕末から明治を迎える日本に響き渡ったのは「ジャジャジャジャーン」という『運命』が扉を叩く音ではなく「トコトンヤレ、トンヤレナ！」という威勢のいい兵士の進軍歌だった。

十五代将軍徳川慶喜による大政奉還が果たされた翌年、一八六八年二月。薩摩、長州、土佐など二十二藩から集まった東征軍（官軍）は京都を出発して、東海道軍、東山道軍、北陸道軍の三軍に別れて江戸に向かった。

その進軍する官軍の兵士たちが高らかに唱ったのが「宮さん宮さん　お馬の前にひらひらするのは　何じゃいな」の歌詞ではじまる「トコトンヤレ節」だった。

この歌は、官軍が江戸に向かう京都の陣中で作られた日本最初の進軍歌だ。作詩は橋本八郎となっているが、長州藩士、品川弥二郎の変名。作曲者は同じ長州藩の大村益次郎とされるが、じつは京都の芸者が即興で節を付けたという説もある。

このとき東征軍参謀だった品川は、吉田松陰で有名な松下村塾の塾生であり、のちの内務大臣、枢密顧問官を務めた人物である。駐独公使としてドイツに滞在したこともある品川は、青木周蔵、桂太郎、西周とともに「獨逸（ドイツ）學協會」を設立（明治十四年）するなど、ドイツに傾倒していく明治政府の重要人物のひとりだった。

のちにあらためてふれるが、日本がニーチェやゲーテなどドイツ哲学や文学に熱中し、ワーグナーやベートーヴェンなどドイツ音楽一辺倒になる背景には、国家学としてドイツを規範とした明治政府の国策があった。その象徴が、君主大権を残すドイツのビスマルク憲法（ドイツ帝国憲法）を手本に制定された「大日本帝国憲法」である。

さて、この「トコトンヤレ節」は、当時まだ珍しかった西欧風の鼓笛隊の演奏とともに進軍しながら派手に歌われた。琴や三味線によるゆったりした音曲しか知らなかった街道の人々は、新時代を予感させるような斬新な響きに、驚いて目を見張ったという。「トコトンヤレ、トンヤレナ！」という兵士たちの威勢のいい響きは、あっというまに江戸の民衆のあいだに広まる。

『PRソングの社会史』の著者、前川和彦によれば、この歌は官軍の江戸侵攻をアピールするPRソングでもあったらしい。二百六十年にわたり日本の政治の拠点だった江戸城をめざして攻めることは、江戸の民衆には謀反にも等しい行為に映った。それを、お馬の前でひらひらする「錦の御旗（天皇の軍旗）」を掲げて正当化し、民衆に知らしめるという巧妙な戦略も含まれていたのだ。そうして、この歌は日本で最初の革命の歌となり、時代の流行歌となる。

親しみやすい歌詞と明るい曲調は、当時日本を訪れた外国人にも日本らしい音楽に映ったためか、この旋律は、ギルバート・アンド・サリヴァンの大ヒット喜歌劇『ミカド』に用いられたほか、イタリア・オペラの巨匠プッチーニによる日本を舞台にした歌劇『蝶々夫人』にも、まるで音の風景画のように登場する。

明治になって初めて生まれた「音楽」

明治維新は「御一新」という掛け声が叫ばれたとおり、何もかもが新しく生まれ変わらなければならない時代だった。西欧の近代文明を自らのなかに取り込むために、西欧文明そのものを翻訳するという気の遠くなるような作業のなかで、これまでの日本には存在しなかった新たな言葉が生み出された時代でもあった。

文明開化によって生まれた日本語としては「電報」や「駅」など明治期の社会インフラとともに誕生した新語や「年賀状」など郵便の普及から生まれた新語など、じつにさまざまだが、それだけではない。「時間」「世紀」「個人」「権利」など、いまではごくあたりまえに用いられている日本語概念の多くも明治時代にはじめて創られた。「哲学」という訳語を作ったことで知られる西周は、「知識」「概念」「命題」「演繹」など哲学・思想にかんする訳語から、「芸術」「心理学」という学術用語まで創案した。

この本のテーマである音楽にかんしては、森鷗外の「交響曲」という訳語が有名だが、そもそも「音楽」という言葉についても、文化七年(一八一〇)の蘭学辞書『訳鍵』に「音楽」という訳語がみられるものの、概念としての「音楽」は、明治時代の文部省令で「音楽」と呼称されるまで、あらゆる音楽形態を総称する言葉は、まだ日本には存在していなかった。それまでの日本で音楽に相当する言葉は「音曲」、歌って踊ることをあわせて「歌舞音曲」などと呼ばれていた。つまり、文明開化によってそれまでの日本音楽の世界に西洋音楽という未知なる音楽が加わったのではない。「音楽」という概念そのものが、文明開化の時代にはじめて日本に誕生したともいえるのだ。

明治時代に大量に誕生した西欧からの翻訳日本語について「形はたしかに日本語だが、その内容、その実質は西洋語」と指摘するのは、『漢字と日本人』の著者、高島俊男である。高島によれば、これらの言葉は「形を変えた英語」だという。「日本人の頭は、これらのことばを、西洋語の意味でしか、考えることも使用することもできない。すなわち、すくなくともこうした西洋輸入のことばや観念に関するかぎり、われわれ日本人の頭は、もう百年以上も前から西洋に引越しているのである」と彼は主張する。

何だかドレミでしか音楽を歌えなくなった日本人にどことなく似ているといえなくもないが、ぼくたちは西欧に頭だけ引っ越しているという自覚はない。ここが問題なのかもしれない。

「時」に縛られる生活のはじまり

「御一新」の嵐は、ありとあらゆる分野に吹き荒れた。なかでも、それまでの日本人の生活を一夜にして変えてしまった改革がある。明治改暦である。

明治新政府は、明治五年（一八七二）にある歴史的な変革を断行する。太陰太陽暦から太陽暦（グレゴリオ暦）への移行である。この布告によって、明治五年十二月二日の翌日は、明治六年一月一日となる。いきなり師走をすっ飛ばして元旦になってしまったのだ。国民の困惑と社会の混乱はいうまでもないが、これはたんにそれまでの日本式の暦を西欧風に変えたという単純な話ではない。日本人のなかに脈々と流れてきた生活感覚のリズムとテンポが完全に破壊されてしまったからだ。

江戸時代までの日本の一日は、十二の刻に分けられ、人々の生活は、おおむね太陽の動きに沿っていた。日の出まえの薄明るくなった時が明六ツ《あけむつ》、日没後のまだ薄明るい黄昏時が暮六ツ《くれむつ》。これが昼と夜の境目となる。そして明六ツから暮六ツまでの昼の時間と、暮六ツから明六ツまでの夜の時間をそれぞれ六等分したのが一刻《いっとき》である。

一日を十二等分すれば、一刻はざっと二時間となる計算だが、夏は昼の長さが長く、夜の長さが短いので、昼の一刻は長く夜の一刻が短くなる。このように季節に応じて一刻が変化するので不定時法と呼ばれる。当時の和時計はこの不定時法に対応して、重りや文字盤に工夫がこらされていた。この時計に基づき、太鼓や鐘を打つ数で時が知らされた。つまり時間は伸び縮みしていたのだ。

ところが、太陽暦によって一日は二十四時間にきちんと分けられ、一時間は六十分、一分は六十秒となれば、伸び縮みしていた時間は均一になり、太陽の光で夜明けとともに目覚める生活は、現代のように目覚まし時計のけたたましい音に叩き起こされる生活となる。

どちらがいいか悪いかという問題ではないのかもしれないが、少なくとも身体にとっては、夜明けの光を浴びて目覚めた方が健康にはよさそうだ。だが、なによりも「時」に縛られる現代人の生活は、この改暦からはじまったのである。

そして、これは音楽とも密接なかかわりがある。生活にも用いられる「リズム」や「テンポ」という言葉からもわかるように、時代のリズムやテンポが変われば、音楽もまた変わるものだからだ。

楽曲の長さにしてもそうだ。やや乱暴な比較だが、十九世紀初期の交響曲は平均約三〜四十分。それが現代の歌謡曲は約五分。音楽作品をひとつの時代表現とするならば、十九世紀に三十分かけて表現したものを、いまは五分で表現していることになる。もっとも、そのなかで何を表現するのかは別問題だが――。

音楽だけでなく、日本のすべてが西欧化していくなかで、この改暦が与えた影響は、はかりしれないとぼくには思えてしかたがない。日本の音楽がいかに変わっていったかについては、これから辿っていくが、たとえさまざまな要因で社会が変わらなければならなかったとしても、もし時間感覚と生活リズムが江戸時代のままであれば、何もかもがここまで劇的に変わることはなかったはずなのだ。

軍事制度としての西欧音楽

たとえ「御一新」が、万事を一新する！　という気構えの時代だったにせよ、その振幅はじつに大きかった。欧米崇拝的なものもあれば、その反動で国粋主義的に走ったものもある。音楽は、そのふたつのあいだで揺れ動きながらも、結果的には欧米崇拝型の典型ともいえるような変貌を遂げる。

だが、そもそもなぜ日本の音楽が西欧化しなければならなかったのか？　日本古来の音感覚に馴染んだ日本人の身体や耳が、いかにして西欧音楽の音感やリズムに馴染んでいったのか？　この問いは、この本を書くためのもっとも大きなもののひとつだった。それを知るために過去に遡ると、幕末から明治にかけて日本に導入された西欧音楽は、いまのぼくたちが鑑賞し趣味として楽しむような音楽とは、まるで違うものだったことが見えてくる。

それは、文化や芸術としての音楽ではない。制度としての音楽である。西欧の楽器も西欧特有のリズムも旋律も、はじめは軍事制度の一部として日本にもたらされたのだ。

開国前後の十九世紀後半、日本をとりまく国際情勢は、西欧列強による帝国主義的な植民地政策の真っ只中にあった。次々と植民地化されていく近隣諸国をまのあたりにした日本の為政者たちは、とにかく国民が一致団結して富国強兵に邁進し、欧米を手本とした文明国家を目指すことが植民地にならずに生き延びるための唯一の道だと信じた。であれば、西欧文明の導入はまずは西欧式の軍事制度を導入することでもあったはずだ。なぜなら、これこそが国家存亡にかかわる喫緊の課題だったからである。

小泉八雲の名で知られる明治の作家ラフカディオ・ハーンの日記に「明治初期の日本人は二拍子の行進ができなかった」と書かれていたのを読んだ記憶がある。外国から来たハーンが奇異に感じたように、当時の日本人は、イッチニ、イッチニと足並みを揃えて行進することができなかった。というよりもその必要も習慣もなかった。

大勢の人間が左右の足を揃えて整然と行進することは、そもそも本来の人間の歩行スタイルからみれば不自然だ。ひとりひとりの人間は一歩あたりの歩幅も異なれば歩行速度も異なるから当然だ。ところが訓練によってそれを均一化し、足並みを揃えた歩行を強要しなければならない時代がやってくる。それが西欧式の近代軍事制度の導入だった。

靴、洋服、絵画も……

西欧式の近代軍事制度を導入するとはいえ、それは外国の艦隊に対応できる最新式の大砲や小型銃を備えることだけではない。その銃を持った兵士たちをいかに命令で整然と動かすか。そして作戦を着実に遂行するか、という軍隊の構成要員たる兵隊を組織するための訓練が不可欠となってくる。

それまでの日本の兵法思想では、そのような集団戦闘に備えた歩行訓練を考える必要はなかった。そもそも武士の伝統的な歩行スタイルは、すり足である。洋靴が導入されるまでの日本人の履物が草履や下駄だったことを思えば、それが西欧式の歩き方に適していないことは明らかだ。そのような日本人のための西欧式軍事訓練の第一歩が「足踏み訓練」、すなわち行進の練習だった。そして、その訓練のために導入されたのが行進曲であり、それを演奏する軍楽隊であった。

幕末の戊辰戦争のとき、すでに幕府軍はかなりのラッパ手を育成し、倒幕軍には鼓笛隊があったというが、そこにはすでに江戸時代までの「戦」ではなく、近代西欧的な「戦争」の風景が展開していたことになる。

つまり、幕末から明治にかけての西欧音楽の導入は、趣味や娯楽のためではなく、また、芸術音楽を鑑賞するためでもなく、幕府や新政府による強兵策の一環としての軍楽隊の導入、すなわち文化としてではなく制度としての導入だった。

制度としての導入という意味では「足踏み訓練」に欠かせない靴や、軍隊のユニフォームである軍服も同じだ。調べてみると、日本に洋服や靴が導入されたのは、音楽と同じように軍隊が最初だった。靴は当初は「靴」ではなく「沓」と呼ばれ、しかも訓練用の履きものということで「伝習沓」と呼ばれたらしい。

ファッション文化の象徴のように思われている洋服と靴の歴史すらも、ともに軍服と軍靴という軍事制度からはじまったというのは、文明や文化の何もかもが戦争と結びつくようで、やや複雑な気分になる。

いっけん軍事制度とは何の関係もないようにみえる絵画の世界でもそうだ。軍隊では、西洋の視覚認識である幾何学的な遠近法の習得が重視され、なかでも陸軍士官学校は図画教育に力を入れた。写真がまだ発展途上だった時代に、軍事上の地形の見取図や地図の作成に西欧的な写生能力が必須だったためだ。

美術も作品としての鑑賞より、まずは実利に直結する科学として学ぶことが最初だった。歩行訓練としての西洋音楽の導入も、洋服も靴も絵画もみな同じである。

教育としての西欧音楽の導入

近代日本における西欧音楽の導入をおおまかに振り返ってみる。まずは、幕府軍による幕末のラッパ隊と鼓笛隊からはじまり、明治二年（一八六九）に、薩摩藩の藩兵三十名が英国陸軍の軍楽隊長フェントンの指導を仰いで組織した吹奏楽の軍楽隊が続く。そして、それが母体となった明治四年（一八七一）の陸海軍軍楽隊の創設という流れが、軍事制度としての洋楽導入のあらましである。

次に、外国人が多く来日するようになると、外国の賓客をもてなすための洋楽演奏が必要になる。そこで、それまで儀礼としての音楽を担当してきた宮中雅楽部の伶人（雅楽の音楽家）たちが、吹奏楽器（明治七年から）と、ピアノ、弦楽器（明治十二年から）を習得するための伝習がはじまる。日本の西欧音楽の揺籃期を支えたのは、軍楽隊とともに、プロの雅楽奏者たちだったのだ。

もうひとつの西欧音楽導入として、江戸時代に禁止されていたキリスト教の布教が解禁となり、賛美歌が日本の歌唱となっていくという流れがある。その源流としてのキリスト教音楽の伝来は、十六世紀のイエズス会宣教師ザビエル以来の布教活動に遡る、いわゆる南蛮音楽の歴史だが、それは近代史以前の日本と西欧との交流史や宗教史にも絡むあまりにも大きなテーマなので、この本ではふれない。興味がある読者には、皆川達夫の『洋楽渡来考〜キリシタン音楽の栄光と挫折』の一読をぜひお勧めする。

最後に、学校教育としての西欧音楽の導入である。そのはじまりは、明治五年（一八七二）、政府は学制（日本で最初の近代的教育制度の法令）を公布。小・中学校に音楽科目が加えられた。内訳は小学校の「唱歌」と中学校の「奏楽」である。

ただ、とりあえずかたちは作ってみたものの「当分之ヲ欠ク」という但書付きで、実際に音楽教育がはじまったのは、文部省が教育令を発布した明治十二年（一八七九）のことだった。

日本初の音楽教育機関、音楽取調掛（出典『東京芸術大学百年史』）

同年十月、文部省の所属機関として日本ではじめての音楽教育機関である音楽取調掛が創設される。当時の建物は、木造二十坪の奏楽堂一室、六坪の音楽教場三室、三坪の習楽場六室からなる平屋ペンキ塗の小さな洋館だった。日本における西欧音楽教育は、まさにこの小さな洋館からはじまったのだ。

そして、その現場で大きな役割を演じたのが、御用掛に任命され、その後、東京音楽学校（現東京藝術大学）初代校長となる伊沢修二だった。

伊沢修二は、嘉永四年（一八五二）、信濃国高遠城下（現長野県伊那市）に生まれる。高遠城内の藩校に学んだのち、十六歳の年に江戸に出府してジョン万次郎に英語を学び、京都では蘭学も学ぶ。

二十四歳のとき、当時、愛知師範学校の校長を務めていた伊沢は、文部省からアメリカに派遣され、ブリッジウォーター師範学校で二年間の教員養成プログラムを履修する。算術、幾何学、地理学、物理学などさまざまな履修科目のなかで、伊沢をもっとも悩ませたのは皮肉にも「歌唱」だった。音楽が苦手というよりも「謡ふことなど、どうしてもよく出来なかつた」「ド・レまではい丶が、ミ・フアになるとどうしても音が上ずつてしまふ」と彼は語る。そして「日本人には西欧の音律を解することができないのではないか」と嘆くのだ。

伊沢がとくに音痴だったわけではない。基本的に五つの音でできている日本の音階に慣れた日本人の耳が、七つの音からなる西欧音階を簡単に受け入れられるわけがない。風土や気候とともに身についた民族的な特性は、簡単には洗い流せない。「耳に慣れる」とは、それほど強力に肉体に染みついたものなのだ。

「音楽」は欠けていた南蛮文化

日常生活の慰楽や趣味、習慣に結びつく音楽は、民族的な特徴でもある独特の音感やリズム感覚に根付いているために、一朝一夕に変えられるものではない。昨日まで三味線で都々逸を口ずさんでいたものが、いきなりドイツリートを歌えるものではない。箏をヴァイオリンに持ち替えればそれですむという単純なことでもないのだ。

ここで話はいきなり十六世紀に飛ぶが、安土桃山時代に西欧から渡来した西欧音楽が、キリシタン大名の時代に日本に根付かなかったのも、そのためではなかっただろうか。日本という国のかたちや風土、気候、風習などが日本語という言語を生成させてきたように、日本の音風景や音感覚が日本の音楽を作ってきた。それは民族の風習であるとともに、民族の誇りや美意識にも通じることであり、そう簡単に変えることはできないし、簡単に変えるべきでもない。そう考えられたのは、ごく自然なことに思える。

南蛮文化が日本に渡来してきたとき、キリシタン側の日本人は自国の文化に誇りを持っており、有馬晴信、大村純忠、大友宗麟らキリシタン大名でさえ日本の風習に従うように毅然とした態度でキリスト教の宣教師に要求した。安土桃山時代に日本を訪れたイエズス会の巡察師ヴァリニャーノが『日本巡察記』に書いていることだが、カトリックの司祭たちが「われわれが日本の風習や礼法を知らないのは、異国の異なった風習のなかで育ったからであり、日本人はそれを考慮すべきだ」と主張したとき、あるキリシタン大名は、このように理路整然と反論している。

「このことについてはあなた方に同情するし、一年や二年なら我慢するが、幾年も経っているのだから我慢できない。なぜなら、あなた方が日本の風習や礼儀を覚えないのは、それを覚えようともしないし、それがあなた方の気に入らないからである。それは私たちに対する侮辱であり、道理にも反する。なぜなら、あなた方が日本に来て、その数も少ない以上は、日本の風習に従うべきであり、あるいはまた、あなた方が日本の風習を覚えないのが、あなた方にその知力と能力が欠けている為であるならば、日本人はそれほど無能なあなた方の教えを受けたりあなた方を師とすべきではない」

最初に目指したのは「和洋折衷」

音楽はドレミでできていると、いま日本ではふつうに考えられている。「ドレミ」という音名が西洋音階のものであり、その音階は西欧からやってきたものであるとは、ほとんど意識されることもない。

これは怖いことだ。志賀直哉は戦後、日本語をフランス語に変えればいいという極端な主張をしたが、音楽の世界では、それにも等しいことを日本はやってのけた。すなわち西欧の音楽言語（音階）で自国の音楽文化をまるごと作り替えてしまったのだ。

どうしてそのようなことになったのか。ここからは、日本初の音楽教育方針がどのように決定されたのかをみてみたい。伊沢修二が著した音楽取調掛の『創置処務概略』に、その議論の経緯が詳らかにされている。明治初期の日本人の音楽観がわかって興味深いので、やや長いが現代語に直してご紹介したい。

まず、当時の代表的な音楽観ともいえる三つの説が紹介される。

1. 音楽は人間の感情や喜怒哀楽を表現するものだから、洋の東西を問わず、黄や白色など人種を論じることもなく、人情が同じであれば音楽は同じである。西洋の音楽は、ギリシャの哲学者ピタゴラス以降、数千年の研究によって、ほとんど頂点に達したといえるものだから、その精巧さや美しさにおいて東洋の野蛮な音楽の及ぶところではない。ゆえに洋楽のよい種を選んで日本に移植すべきだ。不充分な東洋の音楽を育成するようなことをする必要はない。

2. 各国には各々固有の言語、風俗、文物がある。それは各々の国民性や風土から自然に生まれ出たものだから、人間の力で変えるべきではない。しかも音楽は元来人情や国民性にしたがって作られるものだから、各国に固有の音楽文化がある。いまだ他国の音楽を自国に移入したという例はない。だから、日本に洋楽を移植するのは、日本語の代わりに英語を使おうとするようなもので、とうてい無益の論といわざるを得ない。だから日本固有の音楽を育成・発展させるほうがよい。

3. ふたつの説には、それぞれ一理あるが、どちらも極端に流れるきらいがある。そこでその中間をとり、西洋、東洋ふたつの音楽を折衷し、今日の日本に適した音楽をつくるよう努力すべきである。

そして、伊沢は、折衷説である三を採用したのだった。これを基に、彼はこれからの日本における音楽教育はこうあるべきという三つの目標を掲げた。

1. 東洋、西洋ふたつの音楽を折衷した新曲を作る。（作曲）
2. 将来の日本音楽を興すべき人材を養成する。（国楽創生のための人材養成）
3. 諸学校で音楽を実施する。（教育・実技）

これをみてわかるのは、伊沢ははじめから西欧音楽をただ導入すればいいと考えていたわけではなかったということだ。いわば、和洋折衷の音楽を創り上げること。けっして西欧音楽一辺倒ではなかったのだ。

国楽創生と唱歌教育

そもそも、音楽教育を学校で行うという発想は、それまでの日本にはなかった。明治の文部省令で「音楽」と呼称されるまで、日本には音楽という概念が存在していなかったとすでに書いたが、それは日本に音楽がなかったという意味ではもちろんない。

それどころか、歌い踊るという「歌舞音曲」としての音楽は、芸事としてだけでなく、日本人の暮らしのすぐ隣にあった。幕末から明治の日本を訪れた外国人たちは、日本の家からは三味線の音が聴こえ、路地には子供たちの歌声や笑い声が溢れていたと書き残している。音楽は、日本人の風土や四季折々の暮らしのなかに溶け込んでいた。だからこそ町人の寺子屋や、武士の藩校であらためて「教えられるもの」ではなかったのだ。

音楽取調掛が明治十二年（一八七九）に創設されたとき、伊沢の理念は「国楽創生」だった。彼は何とかして日本古来の音楽の伝統を活かしつつ、西欧音楽の優れた部分を取り入れて、豊かな日本の音楽文化を育むべきと考えた。

そのひとつが「唱歌教育」だった。これは、伊沢がアメリカで学んだペスタロッチやフレーベルなど欧米近代教育思想の成果でもあるが、「唱歌ハ声音ヲ練ルノ術ニシテ則チ体格ヲ正シ呼吸ヲ節シ以テ肺臓ノ強壮ヲ来シ人身ノ健全」に役立つと、伊沢自身が学事諮問会（明治十五年）で語るように、唱歌教育とは、たんなる音楽教育ではなく、聴覚の育成を通じて智育に貢献し、国家の構成員たる国民の身体と精神を鍛える「徳育教育」であり「国家教育」でもあった。

唱歌の教材としては、西欧の曲の旋律に歌詞を付けたものが用いられた。『蛍の光』『蝶々』『霞か雲か』などは、このときに誕生した唱歌だ。なかには、モーツァルトの歌曲もある。「春はあけぼの花はさかり」という歌詞ではじまる『山家春暁』は、歌曲『春への憧れ』（K五九六）の旋律がもとになっている。

ところで、創設されたばかりの音楽取調掛では、伝習生（三十名を予定）がなかなか集まらず、途中でやめる者も多かったという。東京師範学校と女子師範学校とその附属校で唱歌教育をはじめてみたものの、音楽教員の急な需要にはとても追いつかず、急遽全国の師範学校より東京に留学していた教師からの希望者に、一年足らずの特別の伝習を行うなど、苦労の連続だったという。

明治十四年に、唱歌の教科書である最初の『小学唱歌集第一編』（全三編の完成は明治十七年）に続いて『幼稚園唱歌集』（明治二十年）、『中等唱歌集』（明治二十二年）が発行され、ようやく唱歌教育は軌道に乗るはずだった。ところが、ここから音楽教育の現場は、伊沢が描いた構想と理念とは異なる方向に進んでいくのだ。

音楽教育方針の転換――芸術音楽の移植

明治二十年（一八八七）十月、音楽取調掛は東京音楽学校となるが、これはたんなる改称ではない。伊沢をはじめとする八名が、音楽教育の向上のために、ときの森有礼文部大臣に提出した建議書が認められて設置された文部省直轄の音楽学校である。三年後の五月には新校舎とモダンなコンサートホールである奏楽堂も完成した。ここまでは、伊沢の描いた構想どおりにみえる。

ここからが波乱のはじまりだ。まず明治二十三年（一八九〇）ころから、議会では音楽学校の予算が問題視されるようになり、さらに学校の廃止を巡って論争が巻き起こる。伊沢をはじめ学校関係者は当然猛反発するが、その渦中にあって、伊沢本人が突如非職を命じられてしまう。明治二十四年六月のことだ。

この混乱した状況のなかで、東京音楽学校はその存立すら危ぶまれる事態に陥るが、二年後の明治二十六年九月、東京高等師範学校附属音楽学校となり、格下げではあったが廃校だけは免れることができた。だが、伊沢の辞職をきっかけに音楽学校の方針は大きく変わっていく。

その転換をあえてひとことでいえば、芸術音楽としての西欧音楽の移植である。この方針転換の推進者となったのは、伊沢の後を継いだ二代目校長、村岡範為馳《はんいち》と当時の外国人教師ルドルフ・ディートリッヒ。村岡は、ドイツに留学して物理学や音響学を修めた学者であり、ディートリッヒは、ベートーヴェン、モーツァルトが活躍したウィーンを首都とするオーストリア＝ハンガリー帝国の出身だ。

ここから東京音楽学校の教育方針は、伊沢の「国楽創生」という理念から「芸術のための芸術」すなわち西欧音楽一辺倒に大きく傾いていくことになる。その指標となったのが、バッハやベートーヴェン、ワーグナーを中心としたドイツ音楽であった。近代化に向けて無我夢中だった明治政府が、当時ヨーロッパのなかで新興国家だったドイツ帝国に自らの理想の国家像を重ね合わせ、ビスマルク憲法を元に大日本帝国憲法を起草したように、日本の音楽教育は「音楽とはドイツ音楽のことである」という色に染まり、ドイツ音楽至上主義に大きく傾いていくことになるのだ。

だが、それはまだ先の話だ。明治時代中期から後期にかけて文学者のあいだで巻き起こるドイツ音楽旋風などはあらためて第四章でとりあげることにして、ここでは、ベートーヴェンがはじめて日本にやってくる明治十八年(一八八五)までの、日本がドイツに染まっていく流れを辿っておきたい。

日本の「モデル」がドイツになるまで

ドイツ帝国の誕生は、明治四年(一八七一)一月だが、日本とドイツの交流はそこからはじまったわけではない。鎖国状態だった江戸時代の日本では、医学が西欧の知識を輸入するうえで重要な役割を果たしていた。なかでも、安永三年(一七七四)、オランダ語から日本語に翻訳されたドイツの解剖書『解体新書』は、日本人の手によるヨーロッパ諸語からのはじめての本格的な翻訳本であるだけでなく、西欧の日本への影響を考えるとき、まさに画期的なものだった。

やがて明治維新を迎えた日本は、西欧文明の導入に邁進するが、優れた文明を輸入するとはいえ、どの国を手本とするかは日本の将来にかかわる大きな決断だった。

幕末から日本と関係のあった国は、アメリカ、イギリス、オランダ、フランス、ロシアなどだが、黒船来航のあったアメリカは南北戦争の勃発で外交よりも内政に向かい、フランスとオランダは東南アジア進出、ロシアはシベリア進出という当時の世界情勢のなかで、もっとも日本に近い存在は、イギリスだった。

明治初期のイギリスの影響力の大きさは、近代日本の建設を急ぐ明治政府が先進欧米諸国から招いた学術教師や技術者の一群、いわゆる「お雇い外国人」の内訳に現れている。明治五年（一八七二）の外国人二百十四人のなかで、イギリス人が百十九人と圧倒的多数を占めるのだ。次に、フランス人五十人、アメリカ人十六人と続き、このときのドイツ人はわずか八人にすぎなかった。

その日本が、なぜドイツに傾倒していくことになったのか？

ひとつのきっかけは、岩倉使節団だった。欧米諸国の近代的制度を調査するために、岩倉具視を特使とした岩倉使節団がアメリカに向けて出発したのは、明治四年（一八七一）十二月のこと。彼らの重要な任務は、旧幕府が各国と結んだ不平等条約を改定するための予備交渉だったが、肝心の交渉は見事に失敗し、一年十ヶ月に及んだ外遊は主に欧米諸国の視察だけに終わった。

ただ、欧米諸国の文明をまのあたりにした衝撃は凄まじかった。使節団の一員だった大久保利通は「英米仏の文明は我が国より数段上で、いくら真似をしても及ばざる事万々なり」として、英国やフランスに近づくのはとても無理だと書いている。

もうひとつの衝撃は、君主国家としてのドイツ帝国の躍進だった。岩倉使節団が日本を出発した一八七一年は、ちょうどドイツ帝国が誕生した年でもある。そのころ普仏戦争で勝利を収めたドイツ帝国は、あの大国フランスを打ち負かした新興国として、日本の権力者たちに大きなインパクトを与えた。なかでも卓越した軍事制度とともに、皇帝ヴィルヘルム一世を戴く君主国家だったことは、天皇を頂点に戴く「皇国」をめざした明治新政府にとっては、恰好のモデル国家に映ったのだ。

薩摩藩と長州藩を中心とした討幕軍は、英国の武器商人から購入した近代的な武器で二百六十年に及ぶ江戸幕府を倒してはみたものの、軍事力だけでは人心は治められない。国内での地位を固めるためには、自らの政治的正統性を示す必要があった。そこで採用されたのが、天皇による「皇国」という国家体制だった。ドイツ皇帝を輩出したホーエンツォレルン家のプロシア・ドイツが、そのよきモデルとなったのだ。

ドイツ協会と大日本帝国憲法の公布

明治政府がドイツの制度、思想、文化を導入するために、獨逸學協會《ドイツがくきょうかい》を東京麴町に設立したのは、明治十四年（一八八一）のことだった。国策機関ということもあり、初代総裁は北白川宮能久親王が務め、二年後の明治十六年（一八八三）には、獨逸學協會學校も開設された。

建学の精神的支柱にドイツ啓蒙主義をおき、啓蒙学者の西周や加藤弘之が設立に関与したほか、井上毅《こわし》、青木周蔵、桂太郎、品川弥二郎、平田東助など有力政治家や外交官が名を連ねていることからも、当時いかにドイツ派が勢いをもっていたかがわかる。その結晶ともいえるのが、明治二十二年（一八八九）二月に公布された大日本帝国憲法である。ドイツ・ビスマルク憲法を基に作られた日本ではじめての、この憲法の立役者は、岩倉使節団にも同行し、のちに初代内閣総理大臣となる伊藤博文だった。

当時、獨逸學協會の名誉会員でもあった伊藤は、政府の命を受けて明治十五年（一八八二）に再び渡欧し、憲法、議会制度、政府組織などを学ぶが、そのとき、ドイツ帝国の憲法体制が日本にもっとも適していると判断する。そして帰国した彼は井上毅に憲法草案の起草を命じ、その草案が審議されて大日本帝国憲法が完成する。

その意味で伊藤博文は、まさに日本におけるドイツ思想の急先鋒だったという見方もあるが、実際はそれほど単純ではない。ドイツ型憲法の制定にしても、ドイツ型を目指す岩倉具視や井上毅らの一派には、イギリス型憲法を理想とする大隈重信や福沢諭吉という対抗派もあった。

ただ、ドイツ型が有利だったもうひとつの点は、ドイツが典型的な官僚主義国家だったことだ。それを手本とした日本の官僚制度のもとでは、ここから、大学でイギリスやフランス語を専攻するよりもドイツ語を学んだ方が官僚として成功するといわれるようになる。これが、のちのドイツ思想ブームにつながる伏線となっていく。

「君が代」もお雇いドイツ人の作品

音楽にかんしても、ドイツ人たちが果たした功績は際立っている。

さきほど登場した「お雇い外国人」たちは、明治期における総数で、三千名にも及ぶとされたが、そのなかには海外から来日した外国人音楽家や教育者たちも含まれていた。

音楽取調掛に最初に着任した外国人は、伊沢がアメリカから招聘した彼の師でもあったアメリカ人のメーソンだが、英国人フェントンの後任として明治十二年（一八七九）に着任したドイツ人のフランツ・エッケルトは、海軍軍楽隊の指導のかたわら「管弦楽及調和ノ事ヲ嘱ス」という取調掛からの辞令で、音楽取調掛の管弦楽、作曲、演奏という分野を任され、教員の養成だけでなく、専門の音楽家養成にも力を注いだ。

まだ西欧音楽など日本人は誰も知らない状況のなかで、指導者としての外国人の影響力の大きさはとてつもないものだったが、なかでも彼のようなドイツ人たちが果たした役割は大きく、のちの音楽界にドイツ音楽を規範とする音楽観が形成される大きな布石となる。

海軍軍楽隊では、エッケルトのほかにもドイツ人の女流音楽教師アンナ・レールを雇い、十人の隊員にピアノを習わせて、それを十年間続けたという記録もある。女性蔑視の時代風潮のなかでは、たとえ外国人とはいえ異例のことだ。

エッケルトは、その二十年におよぶ滞日期間中に、軍楽の指導のほか、音楽取調掛、宮内省式部職、近衛軍楽隊などの職を兼任した。ひとりのドイツ人が、軍楽隊指導と音楽教育という、当時の公的な洋楽伝習機関のほぼすべてに関与していたことになる。

さらに見過ごせないのは、エッケルトの着任によって、それまでのイギリス式からドイツ式に奏法やピッチ（音程）が変更になったことだ。つまり、ここからドイツ語の音楽言語や演奏スタイルが軍楽隊や音楽取調掛のなかに組み込まれていくことになる。

そのエッケルトが日本に遺した何よりも大きな業績といえば、国歌「君が代」の選曲と編曲だ。日の丸の国旗とともに日本のアイデンティティともいえる国歌「君が代」は、ある意味ではドイツ人音楽家による作品ともいえるのだ。

ワーグナーやシューベルトの管弦楽曲などドイツ音楽を最初に日本に紹介したのも、エッケルトの功績である。そしてエッケルトが指導した音楽取調掛の演奏会プログラムには、のちに「楽聖」の称号を独り占めすることになるひとりの音楽家の作品もあった。ただ、このときの彼は、まだ知られざる西欧音楽家のひとりにすぎなかった。

ルートヴィヒ・ヴァン・ベートーヴェン。この本の主人公である。

第二章　ベートーヴェン明治のニッポンに上陸！

日本初のベートーヴェン演奏会

ベートーヴェンが日本ではじめて演奏されたのはいつか？　最初の演奏者は誰か？　どの作品か？　この本を書くために、ぼくがどうしても知りたかったことだ。

明治十八年（一八八五）六月八日。フランスのヴァイオリン奏者モーレルを招いて催された音楽取調所の演習会（上野公園内東四軒寺町文部省新築館にて）のプログラムに「曲名ロマンス、アン、ファ　作者ハン、ビートーブヱン」と記載されているのが、おそらく、ベートーヴェン作品の日本で最初の公開演奏記録である。

この「ビートーブヱン」が「ベートーヴェン」のことだ。「ロマンス、アン、ファ」は「Romance en Fa」というフランス語の日本語読みだろう。まだ日本では誰もベートーヴェンのことなど知らないから、おそらく演奏者から提供された曲目をそのまま記載したと思われる。であれば、演奏されたのは『ヴァイオリンと管弦楽のためのロマンス　へ長調　作品五十』のはずである。

プログラムに記載された曲名の横には「独逸風クラシック音楽」という記述もみえる。「クラシック音楽」ということばが日本に登場するおそらく最初期の例だろう。「クラシツクハ古代風ノ楽ニテ其趣味深沈優雅ニ渉リ高等ナル音楽ナリ」という解説も付いている。すでに「高等音楽」という音楽のヒエラルキーが登場しているのがおもしろい。

明治十八年といえば、アメリカのエジソンが発明した輸入白熱灯が、はじめて東京銀行で点灯された年である。二年後のベートーヴェンの交響曲が日本ではじめて鳴り響いた年には、東京市内に配電が開始されるなど、ベートーヴェンは、まさに電灯のまばゆい光とともに、日本にやってきたともいえる。

演奏者のモーレルについては、あまり詳しい資料がないが、パリ音楽院出身のフランスのヴァイオリニストで、のちほど登場するソーヴレーと同じように、当時、香港、上海など極東の外国人居留地で活動していた音楽家のひとりである。

ほかに、同時期に演奏されたベートーヴェン作品の記録として、同年七月二十日の「音楽取調所卒業演習会」で演奏された『君ハ神（合唱）』という作品がある。原曲は、独唱とピアノのための『ゲレルトの詩による六つの歌　作品四十八』の第四曲『自然における神の栄光』だが、同じ曲が別の年のプログラムにも登場することから、当時校内で生徒の合唱教材として用いられていたのだろう。

浮世絵師が描いたヴァイオリン

日本で最初に演奏されたベートーヴェンの音楽は、ヴァイオリン曲だった！　ということで、日本とヴァイオリンの歴史について調べてみると、戦後まもなく刊行された遠藤宏の『明治音楽史考』という本に、江戸時代の長崎の遊女がヴァイオリンを奏したことが伝えられるという記述をみつけた。長崎の出島では蘭学者たちも西欧楽器の名前をある程度知っていたというから、三味線の代わりにヴァイオリンを弾いた遊女がいたとしても不思議ではない。ただ、真偽のほどは不明である。

万延元年（一八六〇）に、江戸後期の浮世絵師、五雲亭貞秀が描いたヴァイオリンとおぼしき絵がある。西欧の弦楽器を日本人の絵師が描いた最初のものだろう。「無題」とあるが、この絵を所蔵している横浜開港資料館の資料によれば、横浜商家荷物之内とあるので、横浜の外国人居留地に住む外国人が所有していたものと思われる。

浮世絵師・五雲亭貞秀が描いたとされるヴァイオリン
（横浜開港資料館所蔵）

この外国人居留地の記録によれば、さきほどのモーレルの独奏会の二十年以上もまえ、文久三年（一八六三）に、イタリアのヴァイオリニスト、ロビオがピアニストのシップとともに横浜でヴァイオリン・リサイタルを開催したとある。これが日本における最初のヴァイオリン・リサイタルとされている。

また、外国人居留地の横浜パブリックホール開場記念演奏会のプログラムには、ベートーヴェンの器楽曲（どの作品かは不明）の記載もある。この開場は明治十八年四月のことなので、さきほどのモーレルよりも約二ヶ月早い。厳密にはこちらが最初のベートーヴェンの公開演奏ともいえる。

ただ、外国人居留地での上演は、あくまで在留外国人のためのものであって、日本人には無関係だった。それに、幕末から明治にかけて来日した西欧人が私的な集まりで、もしくは個人で祖国の音楽を懐かしんで演奏したことは充分に考えられるし、そのなかにベートーヴェンが含まれている可能性は充分にある。

したがって、日本人がはじめてベートーヴェンの音楽にふれたという意味では、前述の明治十八年六月に演奏された『ヴァイオリンと管弦楽のためのロマンス』が、日本で最初に公開で演奏されたベートーヴェン作品と考えていいだろう。

日本で最初の「演奏会」

いうまでもなく、まだ「ベートーヴェン」の名を知る日本人が誰もいないころのことだ。「演奏された」とはいっても、日本人が西欧音楽の演奏にふれる「演奏会」そのものが、まだほとんど存在していなかった時代の話である。

「音楽の催し」「音楽の提供」という意味での「コンサート」は、西欧音楽でも古い歴史があるが、いわゆる「演奏する人」と「聴く人」の区別が明確になされ、商業的な

「演奏会」が成立したのは、ヨーロッパでもそれほど昔のことではない。「インプレサーリオ（興行師）」と呼ばれたコンサートを企画・運営する専門職がはじめて登場したのは、十九世紀の中頃にすぎない。日本では幕末期を迎えるころである。

明治初期の記録に登場する「演奏会」としては、明治十二年（一八七九）八月九日、読売新聞の「有栖川宮の夜会」という記事のなかに「海陸軍の奏楽（演奏）」や「山海珍味の立食」という貴族邸で演奏付きの夜会が催された記録がある。ただし、これは外国人の賓客をもてなすための、いわば外交行事であった。

また、同紙の明治十三年（一八八〇）六月九日の告知には「精養軒の音楽会」として、海軍省のお雇い外国人が発起人の楽善会という組織の資金募集のため上野の精養軒で海軍楽隊の音楽会が催されたとある。明治五年（一八七二）に創業した上野精養軒は、日本におけるフランス料理店の草分けとして、当時は国内外の王侯貴族や名士が馬車で乗り付けるなど、鹿鳴館時代に代表される欧化政策の象徴的な施設でもあった。

「コンサート」という名称が最初に登場するものとしては、明治十四年（一八八一）四月八日の東京日日新聞に掲載された「音楽会の広告」がある。これは、翌九日に築地の訓盲院でイタリア人音楽家が演奏会を催すための広告だが、このなかに「一大コンセル

（楽会）ヲ催フサントス」とあるのが、おそらく最初期の「コンサート」の表記と思われる。

　定期的に「コンサート」を催した最初の団体としては、日本初の洋楽振興機関である大日本音楽会の存在がある。会長鍋島直大侯爵、副会長伊沢修二、会員は官界、華族、実業界など上流階級の面々に外国人も加えた豪勢な音楽社交クラブだ。

　その第一回の定期公演は、明治十九年（一八八六）七月に鹿鳴館で開催された。演奏を担当したのは、軍楽隊、宮内省式部職雅楽部の吹奏楽、東京音楽学校関係者による合唱、合奏、独奏など。この団体の活動は明治二十七年まで続けられた。

　しかし、このような上流階級向けのいくつかの例を除けば、西欧音楽教育の唯一の国家機関である音楽取調掛の卒業演奏会や前述の音楽演習会が、明治初期の日本人が西欧音楽にふれることができたほぼ唯一の機会だった。とはいえ、西欧音楽を聴く日本人の「聴衆」が、まだ誕生するまえの話である。

フランス海軍士官が見た鹿鳴館時代

　ところで、ベートーヴェンの作品がはじめて演奏された明治十八年（一八八五）とは、どのような時代だったのだろうか？　ここで登場させたい人物がいる。奇しくもベートーヴェンと同じ明治十八年に日本にやってきた、ひとりのフランス人作家である。

その名は、ピエール・ロチ。フランス海軍士官でもあった彼は、寄港したさまざまな国の印象や現地の人々との交流を小説に仕立てた。その彼が、明治十八年十一月に鹿鳴館の舞踏会に招かれた一夜を描いたのが、「江戸の舞踏会」という短編である。

ただ、これは小説というよりも「修正前の写真の細部のように、事実に忠実であることを保証する」と彼自身が書いているように、ひとりの外国人が、まるで不思議の国に迷い込んだかのような明治初期の東京の一夜を、じつに臨場感あふれる筆致で描いたドキュメンタリー映画のような小説である。

ここから、明治十八年という時代背景を知るために、ロチが描いた鹿鳴館時代の東京を彼とともに歩いてみたいと思う。

十一月のある日、横浜港に停泊中のフランス海軍軍艦に届けられた一通の招待状から物語ははじまる。隅々を金箔で塗られた優美なカードには「外務大臣並びにSodeska（ソーデスカ）伯爵夫人は、天皇の御誕生日に際し、Rokou-Meïkan（ロク・メイカン）の夜会に、貴下の御来臨を乞う光栄を有するものに御座候。舞踏も可有之候」とフランス語で書かれていた。

まだ「コスモポリットなヨコハマ」に来て二日しか経っていない主人公は、招待状を手に横浜駅に向かう。夜八時三十分発の汽車を待つ人々は、ほとんどが着飾ったドイツ人、イギリス人、フランス人たち。横浜の外国人居留地に住み、舞踏会に招かれた人々である。

約一時間後、汽車は新橋駅に着く。主人公たちはここであまりに近代的な東京の街並に驚く。「わたしたちはロンドンか、メルボルンか、それともニュー・ヨークにでも到着したのだろうか？　停車場の周囲には、煉瓦建ての高楼が、アメリカ風の醜悪さでそびえている。ガス燈の列のために、長いまっすぐな街路は遠方までずっと見通される。冷たい大気の中には、電線が一面に張りめぐらされ、そうしてさまざまな方向へ、鉄道馬車は、御承知の鈴や警笛の音を立てて出発する」。

明治十八年といえば、太政官制が廃止されて内閣制度が創設され、伊藤博文が初代内閣総理大臣になった年だが、帝国憲法が発布されるにはまだ数年の準備を要し、帝国議会もまだなく、日本の政情は混沌としていた。その明治初期の日本を、まるで嵐のように吹き抜けたのが、欧化政策の大波だった。旧幕時代に締結された諸外国との不平等条約の改正を悲願とする新政府は、徹底した欧化政策によって文明化した日本を欧米に認めさせようとした。その推進役が当時の外務卿、井上馨だった。

その欧化政策のシンボルとして、明治十六年（一八八三）十一月に、現在の帝国ホテルの隣、旧大和生命ビルの広大な敷地に突如現れたのが、鹿鳴館である。この白壁の洋館が欧米人の本格的な接待と華族の社交の場となるはずだった。

新橋駅に着いた主人公たちは「全身黒装束の見慣れぬ男の一群の人力車」に乗せられ、一目散に鹿鳴館を目指す。当時の鹿鳴館の周囲は、まだひっそりとした郊外の佇まいだ。「わたしたちの周囲の眺めは、もはや停車場の広場と似てはいない。暗い夜の中を、これらの街や道筋の両側に、いますばやく去来するものこそ、まさに真の日本である。紙の小家、陰鬱なお寺、奇妙な屋台店、闇の中にぽつんぽつんと、色のついた小さな灯を投げている変な提灯」。

こうして主人公たちは、ようやく鹿鳴館に到着する。「光のただ中に、一種のヴェニス祭の真ん中に、無数の蠟燭が枝附燭台の上の鬼灯《ほおずき》提灯の中で燃えている凝った庭園の真ん中に出る。そうしてわたしたちの前には、煌々たるロク・メイカン（鹿鳴館）がそびえている。どの軒蛇腹にもガス燈を点し、窓の一つ一つから明りを洩らし、透きとおった家のように輝きながら」。

しかし、ロチの眼に映った鹿鳴館は、決して美しい建築ではなかった。彼はそれを「われわれの国のどこかの温泉町の娯楽場《カジノ》に似ている」と評している。

鹿鳴館の華麗さは、まさに「擬西洋化された世界」そのものだった。開国以降、来日した多くの外国人をもてなすためにいくつもの夜会が開かれ、外国人がよろこぶ舞踏もやってはみたものの、たとえば、明治十三年の天長節夜会には約五百人の参加者があったが、外国人を除けば舞踏のできる日本人はまだひとりもいなかった。それを「口惜しき心地せられたり」と新聞に書かれ、日本でも本格的な舞踏会が開けるような洋館をという想いから生まれたのが、鹿鳴館だった。

舞踏会場はできたが誰も踊れないのでは困ると、鹿鳴館が完成した翌年には踏舞練習会が結成され、毎日曜日夜に練習会が開かれた。日本の特権階級の紳士淑女たちが、慣れない洋装で、見よう見まねのぎこちないステップを懸命に練習する姿は、無我夢中であったには違いないが、滑稽ですらある。

男と女が抱き合い、ワルツ、ポルカ、ギャロップなど聴き慣れない音楽にあわせて踊る光景は、欧米人からみれば見苦しい「猿真似」にすぎなかったし、当時の日本人にも奇異なことに映った。「西洋踊りは猥褻《わいせつ》で困り切りたる馬鹿踊り」と新聞に酷評されもした。

ロチにとっても、この舞踏会は何とも奇妙な、ちぐはぐなものに映ったことだろう。フランス人らしく辛辣でウィットに富んだ口調で、彼は日本の紳士淑女の服装をじつに細かく描写しているが、とりわけ興味深いのは、その振る舞いの描写である。

踊りについては「彼女たちはかなり正確に踊る。パリ風の服を着たわが日本娘たちは。しかしそれは教え込まれたもので、少しも個性的な自発性がなく、ただ自動人形のように踊るだけだ」とあるが、教え込まれた踊りが不自然に映るのは、むしろ当然だ。

日本の令嬢たちについては「白、うす紅、水色などの絽の服を着ているけれど、顔附きはどれもみな同じである。淑やかに伏せた睫毛の下で左右に動かしている巴旦杏《はたんきょう》のようにつるし上った眼をした、大そう丸くて平べったい、仔猫みたいなおどけたちっぽけな顔。そんなに澄ましこんだよそゆきの様子をせずに、笑い崩れて、日本の女性らしく、ムスメらしく、愛くるしい表情をすればよいのに」とある。

紳士については、「あちこちの隅々で、滑稽なことがもちあがる。オペラハットを小脇に抱え、金筋入りのズボンをはいた二人の将校が、出会いがしらについうっかりして、手を膝に置き、身体を二つに折り曲げて、日本流のお辞儀を交わす」ときの口から漏れるシューシューという不思議な響きがおもしろいと書く。

あっという間に終わった鹿鳴館時代

ロチの文章は、いかにも西欧人らしい尊大さで西欧の真似をする日本を見下しているようにも読めるが、なかには日本文化の奥深さに言及している箇所もある。
「彼女たちの小さな手は、長い透いた手袋の下で惚々するほど美しい。野蛮な女ではいかに変装させたとてこうなる筈はない。いや却って、この婦人たちこそ、われわれのよりはるかに古い、きわめて洗練された文明に属している人種である」

やがて夜も更け、鹿鳴館の舞踏会もお開きとなる。主人公や横浜の外国人居留地の住人たちは、新橋駅を午前一時に出発する特別列車に乗るべく、再び馬車ならぬ人力車の客となって、帰路を急ぐのだ。

ロチは、この舞踏会の回想記をこのようにまとめている。
「結局のところ、非常に陽気な非常に美しい祝宴だった次第で、それをこれらの日本人は大変な款待ぶりを以てわれわれに提供してくれたのである。たとえわたしがその場所で時たま笑ったにせよ、それは悪気があったわけではない。わたしはあの衣装、あの物腰、あの儀礼、あの舞踏が、皇室の命令によって、おそらく心にもなく速成的に教えこまれたものであろうと想像するときにさえ、彼らがまったくすばらしい真似手であることを思うのである。そしてあのような夜会は、手品に対して独特な手腕のあるこの国民の最も興味ある力演の一つであるような気がする」

そして、この舞踏会が開かれた約一年半後、鹿鳴館時代を揺るがす大きな事件が起きる。明治二十年（一八八七）四月に開催された伊藤博文夫妻主催の仮面舞踏会での「乱痴気騒ぎ」である。

これは鹿鳴館ではなく首相官邸での催しだったが、主催者の伊藤夫妻はヴェネツィア貴族に、娘の生子はイタリアの田舎娘に扮して登場するなど、出席者たちは粧いを凝らした扮装で酒を飲み、踊りに興じて翌朝四時までドンチャン騒ぎが繰り広げられた。

実際の主催は当時の英国公使夫妻で、伊藤は好意で首相官邸を貸し出しただけだったとされるが、この騒動が国粋主義者たちから「亡国の兆し」と痛烈に非難され、政府の強引な欧化政策への反発を一気に強め、右翼の壮士が鹿鳴館の舞踏会に乱入するという騒ぎまで起きる。

同年九月に井上外務大臣が辞任すると、鹿鳴館の華やかな灯火はたちまち消え去り、明治二十三年（一八九〇）、鹿鳴館の建物は華族会館に払い下げられる。こうして、鹿鳴館時代はあっけなく幕を閉じるのだ。

「ビートーベン氏シンフオニー」日本初演

そして、いよいよ日本にもベートーヴェンの交響曲が鳴り響くときがやってくる。ときは明治二十年（一八八七）。さきほどのモーレルの演奏の約二年後。日本初の電力会社である東京電燈会社が市内に配電を開始したのがこの年だ。また、はるか海を隔てたアメリカでは、エミール・ベルリナーが平円盤レコードとレコードプレーヤーの原型である円盤型蓄音機（グラモフォン）を発明したのもこの年のことだ。

蓄音機とベートーヴェンについては、あらためて第五章でふれるが、ベートーヴェンの交響曲が日本ではじめて演奏された年と、日本のクラシック音楽史のなかで決定的な意味を持つレコードの発明がまったく同じ年の出来事だったというのは、たんなる偶然というにはよくできている。

明治二十年二月十九日。上野で音楽取調掛の卒業生による「第二回卒業演習会」が開催された。この演奏会こそ、ベートーヴェン交響曲の日本初演となる歴史的な瞬間であった。その公演プログラムの抜粋を以下に記す。

音楽取調掛生徒卒業式並演奏会手続書　明治二十年二月十九日

於上野公園地内文部省新築館

○管弦楽（卒業生一同）メジテーション　グノー氏作、ラ・シーン・ド・バル　ソーブレット氏作

○洋琴（木村作子、小山作之助）ラ・チューテレー　メーエル氏作、グランド・ワルスゴバルト氏作

○唱歌（生徒一同）君か代、寧楽の都、わかな（以上、四重音）

○箏曲（森富子、幸田延子、山勢松韻）越後獅子

○洋琴（二人連弾　白井規矩郎、ソーブレット）トロバドーア　ウエルデー氏作、エコー・ダメリキュー　クレマー氏作（林蝶子）

○唱歌　ザオ・スター・オフ・エブニング　アブト氏作（卒業生一同）、セレネード・オ

フ・ドンパスクエール（生徒一同）
○管弦楽（卒業生一同）シンフオニー　ビートーベン氏作
○唱歌（生徒一同）ほたる
（参考　堀内敬三著『音楽明治百年史』、秋山龍英編著『日本の洋楽百年史』）

このプログラムにある「シンフオニー　ビートーベン氏作」が、『ベートーヴェン交響曲第一番』のことだ。「卒業生一同による管絃楽」とあるが、卒業生名簿によると、この年の卒業生は計十四名。講師が参加したとしても室内楽のような小編成であり、現代のオーケストラとはとても比較にならない。楽器編成も弦楽器とフルート、クラリネットのみで、演奏されたのも全楽章ではなく、第二・第三楽章のみだったと伝えられる（諸説あり）。

音楽取調掛は、この卒業演習会が行われた年の秋（明治二十年の十月）には、東京音楽学校（のちの東京藝術大学）と改名されるが、西欧の音楽に日本人がふれる機会がほぼなかった当時に、この音楽取調掛の演奏会ではじめて演奏された交響曲と、それから一世紀以上にわたって国内でもっとも演奏されてきた交響曲が、ともにベートーヴェンの作品だったというのは、とても意味深い。

葉巻をくわえた外国人音楽家、奮闘す

日本ではじめて演奏されたベートーヴェンの交響曲を指導、指揮したのは、どのような人物だったのだろうか。

その名は、ギヨーム・ソーヴレー（ソーヴレットとも呼ばれる）。一八四三年生まれのオランダ人音楽家である。来日したのは、明治十八年（一八八五）八月。英国系の旅一座マスコット歌劇団とともに上海を出航。長崎と神戸に寄港して横浜に到着した。来日の目的は、歌劇団の指揮者兼伴奏ピアニストを務めることと、横浜と神戸で音楽活動をすること。妻と長男を香港に残しての単身渡航だった。

欧米による植民地政策が比較的安定していた当時の極東地域の外国人居留地には、植民地運営や貿易に従事する多くの欧米人の暮らしを支える教会、クラブ、劇場などがあり、相当数の芸人や音楽家も居住していた。ソーヴレーは香港を拠点として活躍した職業音楽家であり、一八八四年（明治十七）に香港で開催した演奏会では、ベートーヴェンの『悲愴ソナタ』（ピアノ・ソナタ第八番　ハ短調）を演奏した記録もある。

彼とともに来日したマスコット歌劇団は、極東地域を拠点に巡業興行を行う旅一座だったが、ソーヴレーは歌劇団が日本を離れたのちも、日本に残って演奏活動を続ける。神戸と横浜での演奏会を成功させて自信を深めた彼は、日本に居住する決心をする。そして、横浜の外国人居留地で活躍し、スター扱いされるほどだったという。

日本ではじめてベートーヴェンの交響曲を指揮したソーヴレー

当時のソーヴレーの風貌を描いた興味深いイラストがある(前頁)。日本初の漫画雑誌『ジャパン・パンチ』を発行したイギリスの画家ワーグマンによる「マスコット歌劇団のソーヴレー」というイラストだ。葉巻をくわえたビール樽のような容姿がユーモラスに描かれている。

そのソーヴレーが音楽取調掛の教師として招かれたのは、明治十九年(一八八六)のことだ。当時の音楽取調掛が外国人を教師として雇うにはふたつの例があった。ひとつは外国から音楽家を直接招聘すること。もうひとつは日本に来ていた外国人の音楽家が、その能力を評価されて雇用されること。ソーヴレーは、後者の例である。

当時の音楽取調掛の外国人教師には、第一章に登場したドイツ人のエッケルトがいたが、兼任だったために多忙をきわめ、わずか週二回海軍軍楽隊から派遣されるだけでは充分な指導と教育が行えないと考えた音楽取調掛は、専任の外国人教師を探していた。

イタリアから教師を迎える計画もあったがそれは実現せず、明治十九年三月に満期を迎えるエッケルトに代わる臨時の教師候補として浮かび上がってきたのが、横浜の外国人居留地で活躍していたソーヴレーだった。ピアノの名手で、ヴァイオリンもうまく、声楽や管弦楽の指導もできて、作曲や編曲もこなせるというマルチな才能は、ほぼひとりの外国人教師にすべての指導を頼らなければならなかった当時としては、申し分のない人材に思えた。

そして、明治十九年四月から一年契約（のちに契約延長）、月給は紙幣二百円という条件で、初代メーソン、エッケルトに続く三人目の外国人教師として、ソーヴレーが音楽取調掛に迎えられることになる。

新米外国人教師の月給は小学校教師の四十倍！

ソーヴレーは毎週火曜と木曜の二日、住まいのある横浜から上野まで通勤して、各六時間の授業を受け持つこととなった。彼が担当したのは、唱歌、洋琴（ピアノ）、風琴（オルガン）、弦楽、管楽、和声、対位法および楽曲制作（作曲）の理論と実践であり、音楽授業のほぼすべてにわたっていたことがわかる。

ところで、ソーヴレーの月給二百円とは、どれほどの待遇なのだろうか？『値段の明治・大正・昭和風俗史（正・続）』（朝日新聞社刊）によれば、明治十九年の小学校教員の初任給は、月給五円である。諸手当を含まない基本給とあるが、それでもソーヴレーの月給の四十分の一だ。ソーヴレーの待遇は、週二回二時間の授業で百円の月給だったエッケルトに比べれば低いともいえるが、週二日の勤務で当時の月給二百円といえば、同じ学校教育に携わる小学校教員からみれば、やはりとんでもない高給といえる。

だが、上には上がいる。同じころの明治十八年十二月、初代内閣総理大臣に就任した伊藤博文の年俸は九千六百円である。月給にして八百円。これは別格ともいえる数字だが、さきほどの小学校教員の初任給（五円）の百六十倍である。ちなみに現在の内閣総理大臣の月収約二百四十万円は、現在の小学校教諭の平均月収約三十万円の約八倍でしかない。

さて、ソーヴレーの音楽取調掛の教師としての在職期間は、明治十九年四月から明治二十一年七月（明治二十年、東京音楽学校に改名）までの二年間だったが、在職中に行われた二回の卒業演習会で、ソーヴレーは『交響曲第一番』と『君ハ神』という二曲のベートーヴェン作品を採りあげたことになる。

はじめ一年の契約が延長されて二年になったとはいえ、この短い在職期間をみてもわかるとおり、音楽教師としてのソーヴレーは、あくまで臨時雇いという扱いだった。彼は必ずしも音楽取調掛が望む人材ではなかったという評価もあるが、彼が担当した授業内容の広範さをみてもわかるように、教師を渇望していた当時の音楽取調掛にとっては、まさにうってつけの人材だったことは確かだ。

それに加えて、はじめて日本でベートーヴェンの交響曲を実演したというだけでも、日本のベートーヴェン受容史にその名を刻まれるべき人物である。

オペラアリアに大爆笑？

ところで、明治二十年（一八八七）に日本ではじめて鳴り響いた「シンフォニー」を、当時の日本の聴衆はどのように聴いたのだろうか。さぞや驚いただろうか、腰を抜かしただろうと想像してみるのは楽しいが、そのまえに、ぼくたち現代人の耳には、すでに「ドレミ」という西欧音楽特有の音感覚が染みついていることをよく認識しておかなければならない。明治時代の日本人は、現代の日本人とは全く異なる「耳」で西欧の音楽を聴いていたからだ。

江戸時代の日本人が西欧音楽を聴いた例として、幕府が万延元年（一八六〇）に派遣した遣米使節団の副使を務めた村垣範正（淡路守）の記録がある。ハワイでアメリカ人家庭に招かれたとき、その家で少女の独唱を聴かされた印象を、村垣は「夜更けに犬の遠吠えを聞くようで、笑いをこらえるのに苦労した」と語っている。

Primo gran Concerto italiano dato alla Corte del Mikado al quale
furono ammessi i soli artisti, cori, corifei e l'impresario. Le Loro
Maestà preferendo la brillarono per la loro assenza.
Allegria generale dei topi, l'impresario komarimas

オペラ歌手の御前演奏。ガラガラの会場ではネズミがかけまわり、
聴衆は寝落ち

明治初期にオペラにふれた日本人の反応も、恐れをなして近寄らないか、笑いをこらえるのに必死になるか、というものだったようだ。

まずは、明治八年（一八七五）。マリア・パルミエリという元ミラノ・スカラ座のプリマドンナが来日して宮中で御前演奏をしたときのエピソードだ。この御前演奏に陪席するはずの政府高官たちは、西欧音楽という得体の知れぬものに恐れをなして大部分が欠席し、がらんとした会場にネズミが駆け回ったという風刺絵が当時の漫画雑誌『ジャパン・パンチ』に掲載されている。

次に、明治十二年（一八七九）。来日

したヴァーノン歌劇団のオペラ公演を鑑賞した日本人観客たちの反応を、当時の外国人向け新聞ジャパン・ウィークリー・メイル紙は「日本人大衆の鑑賞心は西欧の聴衆と全く正反対である。（略）プリマドンナの最も感動的な音符のところでは、ドッと大きな笑いが起こる」と書いている。この公演はさんざんの悪評で不入り。早々に打ち切られたという。オペラ歌手の高音の発声が、当時の日本人観衆には「まるで鶏の首を絞めたように」聴こえたというのが、爆笑を巻き起こした理由だともいわれている。

いまでは観客をうっとりとさせるオペラ歌手の華やかな歌唱がこのありさまだ。日本ではじめて鳴り響いた交響曲にしても、森鷗外による「交響曲」という訳語もまだ誕生するまえの話だ。外国人教師に指導されるがまま、わけもわからずに演奏された「シンフオニー」なる西欧の音楽が、はたして日本の観客の耳にどう響いたかは、想像してみるほかはない。

明治時代の奇妙なオーケストラ

日本に「シンフォニー」を演奏できる本格的なオーケストラが誕生するのは、大正期に入ってからだが、では、そのまえの明治期のオーケストラは、どのようなものだったのだろうか？

日本ではじめて「管弦楽」が演奏されたのは、明治十四年（一八八一）五月、美子皇后が東京女子高等師範学校に行啓されたとき、音楽取調掛の伝習生が行ったのが最初といわれている。のちの昭憲皇太后となる美子皇后は、日本ではじめて洋装した皇后として知られているが、日本で最初のオーケストラ演奏を聴いた皇后ともいえる。

同年七月には、宮中ではじめて日本人による欧州管弦楽の演奏が行われたが、編成は弦楽器（ヴァイオリン、ヴィオラ、チェロ、コントラバス）とフルート、クラリネットだった。さきほどのベートーヴェンの交響曲第一番初演とほぼ同じ編成である。

このように、明治初期の管弦楽は十人程度の小編成であり、演奏技術も未熟でとても通常編成の管弦楽曲を演奏できる状態ではなかった。日本で本格的なオーケストラの演奏が聴けるのは、ようやく大正時代になってからのことだ。

とはいえ、東京音楽学校と改名（明治二十年）されたのち、明治三十一年（一八九八）からは、春と秋に定期演奏会が行われるようになり、明治三十八年（一九〇五）には、三十五人編成にまで成長する東京音楽学校管弦楽団は、「東音」の愛称で親しまれるようになる。

明治38年頃の東京音楽学校管弦楽団と合唱団

当時の東京音楽学校のオーケストラを知る人物の貴重な証言がある。音楽評論の先駆者的な存在である大田黒元雄は、こう語る。

「上野の東音（東京音楽学校）のオーケストラは、今思えばよせ集めで妙なものでしたな。制服の海軍の人がいたり、ハカマをはいた女の生徒、それにまじる先生の方は、女がスソ模様に丸帯姿で、男はフロック・コート、それに男の生徒は金ボタンの制服。要するにみるからに混成でね。それにこれはほんとうかどうか知らないが、曲が終わってみたら、隣のページをひいていたという伝説もありましたよ。つまり、一頁ちがっていたわけだ」

大田黒は明治二十六年（一八九三）生まれだから、彼が語るのは明治後期のこと。まだ夜明けまえの日本のオーケストラは、どことなく牧歌的な雰囲気が漂っていたのだ。

日比谷公園音楽堂での軍楽隊定期演奏会

明治三十年（一八九七）生まれの音楽評論家、堀内敬三は、揺籃期の日本の西欧音楽界について「日本の初期の洋楽を発達させた主力は演奏会ではなかった。聴衆はほとんど何の声も持たなかった。邦楽が民衆に支持され、民衆の選択によって進歩が行われていたのに対し、洋楽は官設機関がまったく進歩の鍵を握っていた」と書いている。

明治初期の東京音楽学校の演奏会では、あまりにも聴衆が少ないために、通行人にお菓子を配って来場を勧誘したというエピソードもある。聴衆にとっては一時間もじっと我慢して聴くということに耐えられなかったのだという。

また、明治二十三年（一八九〇）頃、横須賀で海軍軍楽隊が公開演奏をしたときは、楽器運搬に雇われた車引きが、ひとりぽつねんと聴いていたこともあったという。

ところが、明治三十二年（一八九九）に、皇后が東京音楽学校の演奏会に来られたときはまったく別だった。「皇后陛下の行啓が数度に及ぶと、その時はいつも超満員になり『音楽御奨励』の思し召しが叶い、実に愉快だった。入場券をもらっても、何時間も無為に過ごすのを有難迷惑に感じていた連中が、列席できるのを光栄と感じ、喜んでくるようになったのだから」と明治期の代表的な音楽学者、田辺尚雄は語っている。

そのような明治期の日本の洋楽に新風を巻き起こしたのは、国内初の野外音楽堂として明治三十八年（一九〇五）に完成した日比谷公園音楽堂で行われた軍楽隊の無料定期演奏会である。これは、およそ月に二回、陸軍と海軍軍楽隊が交互に出演して開催されたが、世間はまだ日露戦争後の殺伐とした空気が流れるなか、一般の民衆が気軽に音楽にふれられる貴重な催しとあって、毎回大盛況だった。

この定期演奏会が日本の洋楽普及に果たした役割は大きいが、それでも、なかには指揮者に対して「西欧音楽というのは礼儀をわきまえないでけしからん！　あの立って棒を振り回している男は、お客に尻を向けて平気でいるじゃないか」と怒り出す客もいたようだ。

この野外演奏会で演奏されたプログラムは、クラシックの名曲から軍歌、民謡、邦楽曲までと多彩だが、たとえば明治三十八年十一月二十五日の海軍軍楽隊による演奏会では、ワーグナー『双頭の鷲行進曲』、ヨハン・シュトラウス二世『美しき青きドナウ』などとともに、ベートーヴェンの劇音楽『シュテファン王』序曲も演奏されている。

映画館のオーケストラから百貨店の少年音楽隊まで

明治三十年代からは、民間のオーケストラも続々と誕生してくる。映画館、ダンスホール、百貨店など多彩な顔ぶれだ。

まずは映画館付楽団。明治三十年（一八九七）二月十五日、大阪の南地演舞場で上演されたシネマトグラフが、日本で最初の映画興行とされるが、明治三十六年（一九〇三）に浅草で映画専門館がオープンすると、活動写真は瞬く間に大衆の娯楽として広まり、無声映画の活動弁士とともに楽団が活躍した。

浅草オペラ館に映画館初の管弦楽団が誕生したのは、明治四十三年（一九一〇）のこととされている。当初の編成は、ヴァイオリン、チェロ、ダブルベース、ピアノ、クラリネット、コルネット、トロンボーン各一、計七名という編成で、現代からみればとてもオーケストラとは呼べないような規模だが、それでも全盛期にはオーケストラ・ピット付きの豪華な映画館も作られ、数十人の楽団員を抱えた映画館もあったという。

日清戦争当時に作られた少年音楽隊
（雑誌『風俗画報』明治28年8月号より）

ほかにもダンスホールの出現などで、軍楽隊出身者やアマチュア楽士などを集めた多種多様なオーケストラが全国各地で編成されたが、なかでもユニークなのは、日本で最初の音楽専門雑誌『音樂雜誌』の刊行で知られる四《し》竈《かま》訥治《とつじ》が日清戦争時（明治二十七年頃）に結成した少年音楽隊を嚆矢として、各地で続々と誕生した百貨店の少年音楽隊である。

まず、明治四十二年（一九〇九）。東京の三越が宣伝と社会貢献を兼ねた少年音楽隊を結成したのを受けて、明治四十四年（一九一一）には名古屋のいとう呉服店も百貨店（のちの松坂屋）の開業一周年を記念して少年音楽隊を結成した。

やがてその波は京阪神にも達し、京都の大

丸少年音楽隊（大正元年）、大阪の三越少年音楽隊（同）、やや遅れて高島屋少年音楽隊（大正十二年）と続く。

そもそも百貨店の音楽隊は、三越呉服店の初代専務取締役に就任した日比翁助が、明治三十九年（一九〇六）にヨーロッパを視察したとき、営利追求の商業戦略だけでなく、百貨店は社会貢献の場であり、文化活動を通じて利益を社会に還元すべきという理念を学んで実現したものだった。

少年たちは音楽隊を退団後、新しく設立された演奏団体や、前述の映画館専属オーケストラなどに活躍の場を広げていくが、注目しておきたいのは、これらの少年音楽隊出身者たちが、のちの日本のオーケストラ文化の発展に貢献していくことだ。

なお、百貨店の音楽隊から誕生したオーケストラとしては、名古屋のいとう呉服店少年音楽隊が中央交響楽団を経て、現在の東京フィルハーモニー交響楽団になったというケースがある。

第三章　明治・大正期のベートーヴェン演奏家たち

女性たちが切り拓いた日本のクラシック音楽

この章では、明治・大正期の日本におけるベートーヴェン演奏史に大きな足跡を刻んだ四人の演奏家にスポットをあててみたい。ふたりは外国人だが、残るふたりは日本人。それも西欧音楽の揺籃期に波瀾の生涯を送った、ともに女流音楽家である。

なぜ女流音楽家を採りあげるのか？　それは、まさしく彼女たちが日本のクラシック音楽界のパイオニアだからだ。

ここに一枚の写真がある（次頁）。明治十八年（一八八五）に撮影された音楽取調掛の全科第一回卒業生三名と伝習生の集合写真である。つまり、日本最初の西欧音楽教育を受けた第一期生の記念すべき卒業写真ということになる。奇しくも、ベートーヴェンの音楽がはじめて公に日本で演奏された年と重なるが、それはともかく、驚いたのは全員が

音楽取調掛第一期卒業生たちの集合写真。前列左から3人目が幸田延
(出典『東京芸術大学百年史』)

女性ということだ。

まだ江戸時代の風習が残る当時の日本では、歌舞音曲は男の仕事ではないという意識が強かったにしても、音楽取調掛の最初の伝習生名簿には男性の名前もあったはずだが、最初の卒業生のなかに男性がひとりもいないというのは驚きである。

ここに写っている女性たちはみな、強い意志と決意を秘めた表情をしている。これからの日本の音楽界を背負うという意気込みも感じられるが、のちに彼女たちの活躍がめざましくなると、今度は男性たちからの「女のくせに」という嫉妬から排除されるなど、男尊女卑の社会のなかで翻弄され、先駆者ならではの苦労も強いられた。

そのあたりは、のちほどあらためてふれるとして、この写真の前列左側に写っている三人の卒業生のうち、左から三人目の女性が、この章の最初の主人公、幸田延である。明治二十二年（一八八九）二月十一日、日本初の憲法となる大日本帝国憲法が公布される。日本にはじめてベートーヴェンの交響曲が鳴り響いた約二年後のことだ。

その年の四月。ひとりの日本人女性が文部省からアメリカ合衆国とドイツ（のちにウィーンに変更）に派遣を命じられる。目的は音楽研究。その名は幸田延。日本人初の海外音楽留学生である。

文豪、幸田露伴の妹にあたる幸田延は、音楽取調掛の第一期卒業生であり、ヴァイオリニストとなった妹の幸田（安藤）幸とともに、日本洋楽界の黎明期を代表する音楽家である。

大蔵省の下級属官の家庭に生まれ、幼少期から長唄や三味線に親しみ、音楽取調掛のメーソンに音楽的才能を見いだされ、ピアノ、ヴァイオリン、作曲、音楽理論を学ぶ。明治十八年（一八八五）、音楽取調所の全科目を修了し、抜群の成績で第一期の全科卒業生となる。その後研究科の助手として研鑽の傍ら、教える立場にもなる。このとき、わずか十五歳だった。海外留学が決まったのは、この四年後のことだ。

日本人初の海外音楽留学生がウィーンで聴いた『運命』

明治二十二年（一八八九）五月。横浜港から出港する幸田延を、関係者たちは『幸田令嬢官命を帯びて留学するを祝う歌』を合唱して見送った。彼女は、ボストンのニューイングランド音楽院で一年間学び、そののちヨーロッパに向かう。目的地はウィーン。モーツァルト、ベートーヴェン、シューベルトなどそうそうたる巨匠たちが活躍した「音楽の都」である。

一八九〇年のウィーンといえば、ロマン派最後の巨匠といわれたブラームスや、ワルツ王ヨハン・シュトラウス二世もまだ存命中だった。ウィンナワルツの甘美な響きが街にあふれ、優雅でほろ苦い香りが漂うカフェ。西と東の民族の十字路といわれた多彩な文化が咲き誇るハプスブルクの都でのさまざまな音楽や人々との出会いが、二十歳の多感な女性にはかりしれない刺激となったことはいうまでもない。

このウィーンで幸田は、ベートーヴェンの『運命』を聴いている。彼女自身が、のちに『私の半生』という一文のなかでこう書いている。「ウィーンでは良い音楽をたくさん聴きました。ハンス・リヒターの指揮でベートーヴェンの第五交響曲をウィーン・フィルハーモニーが演奏しました時、此の世にこんな立派な音楽があるのか、と思はず泣いて仕舞ひました」。

ベートーヴェン『運命』が日本で初演されるはるかまえに、ひとりの日本人女性が本場ウィーンでその実演に接していたことは、注目すべきことだ。彼女はウィーン中央墓地も訪れ、ベートーヴェンの墓に参り、日記には墓のデッサンまで描いている。

幸田とベートーヴェンとの「縁」は、それだけではない。明治四十二年（一九〇九）から翌年にかけて彼女は再びヨーロッパに渡り、ベルリン、ウィーン、パリ、ロンドンに滞在するが、ベルリンではフィルハーモニーで演奏された交響曲第九番、いわゆる『第九』に合唱団の一員として出演した。指揮は、かの名指揮者アルトゥール・ニキシュである。幸田は、昭和の時代に日本の風物詩となる『第九』を、明治時代にはじめて現地で歌った日本人でもあったのだ。

幸田延『滞欧日記』にみる卓越した音楽性

このときの幸田のヨーロッパ滞在は、残された日記をもとに『幸田延の「滞欧日記」』として出版されている。それを読んで驚かされるのは、西欧文化と音楽を的確に批判できる冷徹で確かな「耳」と「眼」が、西欧音楽教育がはじまったばかりの日本からやってきたひとりの日本人女性に、すでに備わっていたことだ。

たとえば、ベルリンでのドイツの音楽学者ヘルマン・クレッチマーとの対話では、ドイツとフランスの流派、モダン派と旧派の違い、ヨーロッパの音楽事情など、かなり突っ込んだ議論を交わしている。クレッチマーといえば、音楽解釈学の提唱者として名を馳せた当代一流の音楽学者である。

幸田は、クレッチマーの意見をこう書いている。「聴衆の趣味、判断、そしてすべてのことが、百年前よりもはるかに低級で、あいまいで、悪くなっている。（略）オペラ、その他の需要が激しく、一方ではまた生存競争が激しいため、昔のようにきちんと勉強する時間がない。つまり雑な品がたくさんできるようなありさまである。音楽は目的のための手段となり、手工業的になされるようになった」。この指摘に、幸田は、私の意見、感性は全く正しかったと述べている。まるで現代の楽壇批判ともとれるようなクレッチマーのこの主張は、いまから一世紀もまえのものである。

ゲーテとベートーヴェンの官能性についても、女性らしい視点が覗けておもしろい。「官能性の話を聞く。官能性は音楽家につきもの。ゲーテは知り合った女性をすべてものにした。ベートーヴェンは望んだことがうまくいかなかった。死ぬ最期の瞬間においても、何らかの粗暴さや粗野さゆえに（女性を）突きはなした。ひどく憤慨し、怒り、そして、そこからは再び、何か素晴らしい、とはいえ安息を与えるようなものではないが、温かいもの、心を熱くするものなどが生じている。音楽においては、官能のない美などあるのだろうか？」。この文章が、まだ日本でベートーヴェンがほとんど知られていない明治期にひとりの日本人女性によって、しかもドイツで書かれたことに驚く。

ドイツ音楽とフランス音楽の比較も興味深い。「ドイツの作品はドイツの精神で演奏されなければならない。ドイツは堅い音。フランスはより繊細でデリケートな音、その多くは、人間、個性、性格、指にも拠っている。フランス作品を弾けるドイツ人がいるかもしれない。（略）どの人も良い面をもっている。二つの素晴らしい異なる美は、非常にうまく共存し得る」。

パリの高等小学校を視察した印象は「全体的には、良くない。（略）ただ、少女たちはベルリンより行儀が良い。これは宗教のせいだろうか？　ここにはすべて古きスタイルがあり、ドイツ人たちは若く新しく新鮮、しかもしっかりしているが、その代わり洗練されていない。それが大名と成金の違いだろうか？」とある。フランス革命期前後の

「貴族」と「ブルジョワ」を「大名」と「成金」に置き換えるあたりは、当時の明治人の歴史観と教養が現れているようで興味深い。

また、パリでは欧州を代表する音楽学校のひとつ、パリ音楽院の卒業試験も見学している。声楽からピアノ、ヴァイオリン、ハープなどの専攻別の受験者について、テンポ、リズム感から音程、スタイルまで、まるで審査官さながらの辛辣な感想を書き留めている。たとえばこんなぐあいだ。「卒業試験に出た人のなかに、スターになるような人材はいなかった。初めて聞いたとき、私にはすべてがよく思われた。しかし、聞けば聞くほど気に入らなくなる。（略）今日もまた賞の安売りだった」。

その冷徹さは、演奏会評にも現れている。「馬鹿げたコンサートへ行った。（略）皆、なんてリズムが悪いのか」「オペラ・コミック座の『マノン』へ行った。美しい旋律がふんだんに出てくるが、軽くて、心をつかむことはない。ただ愛すべき作品というだけ」などの辛口評が並ぶ。

それでも、優れた演奏には賛辞を惜しまないはずの彼女の筆も、この頃の日記にはどこか冷めて突き放すような口調が目立つのは、このときの不安定な精神状態を現しているのだろうか。ベルリンからパリに向かう鉄道の旅で、旅情に駈られたのか、ふとその心境を吐露している。「寝台車で私はすぐに寝入った。ヘルベスタールで寝台車から降り、乗り換える。草原は花でいっぱいで、非常にきれいに見えた。私がヴィスバーデンからベルリンに来たとき、森も秋たけなわで美しく彩られていたが、今は春。でも、私は特に幸せには感じない。私はもう終わりだ」。

「上野の西太后」の辞職

その精神状態も無理はないと思えるのは、このときの幸田は、東京音楽学校での教授の職を追われ、引退を余儀なくされた失意のなかにあったからだ。

先人の手本もなく、ひとり海を渡り独力で西欧文化の精神を身に滲み込ませ、日本の西欧音楽の未来を切り開いたパイオニアが、なぜ三十九歳という若さで音楽教育界を追われることになったのか？　そこには、男尊女卑といまだ封建制度の名残がくすぶる、明治の日本ならではの風景がみえてくる。

二十五歳で最初の留学から帰国したときは、まさに凱旋だった。天賦の音楽的才能に加えて、欧州仕込みという香りを漂わせた幸田の帰国記念演奏会は、参加した誰もが驚嘆し、賛辞を惜しまなかった。当時の文芸誌『文学界』にはこう評されている。

「弓持つ手の働き冴えわたりて、美はしきに左指の運動の精確なる、糸より走る楽声のいと妙なる、誰とて耳熱し胸迫りて、その技術に服せぬは無かる可し」

お雇い外国人ディートリッヒの後任として、母校の東京音楽学校の教授に就任し、さらに演奏技術の監督ともいえる「技術監」に任命される。これは、それまで外国人に任せるしかなかった技術指導を、ついに日本人の手でも行えるようになったという画期的なことだった。教育者としての彼女の指導により、瀧廉太郎、三浦環、久野久など、その後の日本の西欧音楽界を担う人材が門下生として輩出した。

ところが「上野の西太后」と呼ばれるほどの存在感を示し、当時の日本人女性で二番目の高額所得者として話題をさらうようになると、徐々に風向きが変化してくる。

この章の最初でもふれたように、当時の日本では歌舞音曲の類いは男の仕事ではないという封建的な考えが支配的で、西欧音楽の分野で女性が主役となることも最初は容認されていた。ところが、幸田をはじめ女性たちのめざましい躍進が目立つようになると「女のくせに」という声が高まり、男たちも腹の虫が治まらなくなってきたというのが本音だろう。

明治四十一年(一九〇八)には、弟子の不倫騒動というスキャンダルをきっかけに、音楽学校の風紀、外国人教師の横暴、女性上位などが新聞や雑誌で批判されるようになる。朝日新聞には「あゝ尊きこの大芸術を婦女子の手にのみ委して、男子拱手傍観して沈黙すると云ふは由々しき国辱にあらずや」という記事まで書かれる。男尊女卑の風潮が強い時代とはいえ「国辱」とはあまりにもひどい。

結果的に、その責任を取らされた幸田は休職というかたちでの辞任に追い込まれることになる。明治四十二年九月のことだ。そして、彼女が二度目の欧州への旅に出発するのは、その直後のことである。

「ベートーヴェン精神」を体現した紀尾井町の自宅

二度目の欧州滞在から帰国した幸田延は、紀尾井町に家を購入して「審声会」というピアノ教室を開く。それからは自宅で上流階級の子弟にピアノを教えながら後半生を送る。波乱の前半生に比べれば、隠遁ともいえるおだやかな日々だった。

大正七年（一九一八）には、敷地内に別棟の音楽堂を建てた。「洋洋楽堂」と命名されたこのホールは、四十畳ほどの広さの舞台を備えたサロンに、控え室と客用トイレも完備した本格的なもので、ホールの壁はすべて白と金に統一され、舞台には幸田が愛用したスタインウェイとプレイエルという二台のグランドピアノが並んだ。

日本に来日した一流演奏家たちがこのホールに招かれ、エルマン、ゴドフスキー、ハイフェッツなどそうそうたる演奏家が、幸田家の洗練されたもてなしのなかで素晴らしい演奏を披露する。招待客にはたまらない贅沢なひとときだったことだろう。

音楽評論家の野村光一は、当時の「洋洋楽堂」を訪れたことがあるという。グランドピアノが二台並ぶ薄暗く細長い部屋の壁のまえに、ベートーヴェンの胸像が置かれていて、ベートーヴェンの生家の部屋とまったく同じ配置だった。その印象を野村は、まるで幸田のなかにベートーヴェンの精神が生き残っているようだったと語る。

幸田延が、ヨーロッパ留学によって日本に持ち込んだ西欧音楽は、まさしく文化としての音楽だった。それは、明治政府が導入した制度としての西欧音楽とは、まったく異質のものだった。

文化としての音楽は、風土、伝統、人々の暮らしと切り離せない。西欧音楽を生んだその土地を歩き、空気や風を感じ、匂いをかぎ、現地の人々と同じ言語で会話し、数々の演奏家と交流し、伝統ある歌劇場に通い、ウィーンのカフェに感激し、パリの百貨店で買い物する。このような西欧での暮らしのなかで培われたセンスや音楽観を、たんなる視察団としてではなく、音楽家としてはじめて日本に持ち込んだのが幸田延だった。

その意味では、彼女こそ文化としての西欧音楽を日本にはじめて伝えたパイオニアだった。その幸田が、わずか十数年しか母校の東京音楽学校で教鞭を執れなかったのは、日本の音楽教育界にとって大きな損失だった。

晩年の幸田延（出典・瀧井敬子、平高典子編著『幸田延の「滞欧日記」』東京藝術大学出版会）

だが彼女自身は、自宅で音楽を教えることについて『私の半生』のなかでこう語っている。「学校を辞してからの私は、音楽を出来るだけ家庭に入れよ、の考へで参つて居ります。先づ家庭から音楽を、それでなければ音楽の普及と云ふことは難かしい事と考へて居ります」と。

幸田は、文化としての音楽の実践者だった。だからこそ、たとえば当時はまだ新しく、低俗と蔑まれていたジャズを評価することもできた。アメリカに行くというひとりの弟子に、ぜひジャズを聴いてくるように勧めたとき、彼女は「ジャズは侮ることの出来ないひとつの立派な音楽です」と語っている。

晩年の幸田は、西欧音楽よりも、むしろ邦楽に惹かれていたという。弟子には内緒にして清元に熱中したというエピソードもある。己の音楽体験の原点に帰っていったということだろうか。ジャズにしても清元にしても、幸田は文化としての音楽を、自身の磨きあげた品格と教養とではかることができた。そして、日本における西欧音楽の先駆者として、日本人にとって西欧音楽とは何かを、その生涯を賭して問い続けた。まさに文化としての音楽に生きた人生だった。

悲劇の女性ピアニスト・久野久

その幸田延の弟子で、彼女自身が逝去を「惜しまれてならない」と語ったひとりの女流ピアニストがいる。日本人初のベートーヴェン弾きとして知られる久野久《くのひさ》である。まるでベートーヴェンの魂の伝道者であるかのように、一心不乱に鍵盤に向かう姿には鬼気迫るものがあったと伝えられている。

「彼女のひくベエトオヴェンはものすごいものであった。アンダンテ・カンタービレ（やさしく、歌うようにの意）でさえ、歌うかわりに怒っていた。彼女の演奏は感激に終始していた。そしてその感激におぼれまいとして一心にキイにしがみついていた。私は彼女の演奏を聴いた時に泣きたくなった。それはあまりに純真な彼女の魂が、現れるからであった」。明治生まれの作曲家で音楽評論家でもある小松耕輔の評である。

久野は日本で生まれ、日本で育った純国産ピアニストの第一号であるとともに、ベートーヴェンの三十二曲のピアノ・ソナタを全曲演奏することを日本ではじめて試みたピアニストでもあった。そして西洋音楽黎明期の日本におけるベートーヴェンの大家と呼ばれ、人気絶頂のときに単身ヨーロッパに渡り、そのわずか二年後にウィーンのホテルから投身自殺を図り、三十八歳の生涯を閉じた悲劇のピアニストでもあった。

明治十九年（一八八六）、奇しくも十九世紀を代表するピアノの巨人フランツ・リストが没した年に、滋賀県大津市で生まれた。幼いころに母親を亡くし、京都で琴や三味線、長唄を学んだが、東京帝大に入学した兄弥太郎を追って上京し、ピアノに転向することを決意する。

十五歳で東京音楽学校予科の入学を認められたものの、入学時の成績は芳しくなく、担当教師は全員一致で退学を勧めたほどだった。いまであれば、十五歳でピアノをはじめてピアニストになろうなどとは到底考えられないが、彼女はそこから猛然と血の滲むような練習を重ねる。そこには、幼少時に痛めた足の障害を背負って生きなければならないという執念もあった。不自由な足を引きずる姿を隠すように、あえて大股でのしのしと歩く姿が学校でよく見かけられたという。

学内演奏会ではじめて演奏したときのエピソードを同窓生だった音楽評論家の田辺尚雄が伝えている。それによれば、演奏するうちに「激しい頭部の振動は遂に曲の途中で彼女の髪は解けて肩にかかり、一輪の花かんざしは飛んでステージに散乱したその瞬間、聴衆を昂奮の最高潮に達せしめた」とある。そのあまりの迫力に、聴衆は妖艶な魅力までを感じて息を呑んだという。

本科一年のときには、ベートーヴェンの『ピアノ協奏曲第一番』を同校の管弦楽団と共演（日本人初のオーケストラとの協奏曲演奏とされる）し、卒業時には「全卒業生の白眉」といわれる存在にまでなる。

卒業後、母校の助手を経て明治四十三年（一九一〇）に助教授となった久野は、三十

久野久

歳の年（大正六年）に教授に昇進するが、ベートーヴェン弾きとしての彼女の本領が発揮されるのは、教授就任の翌年に催された、ベートーヴェンの作品のみによる「ベートーヴェンの午后」と名付けられたリサイタルだった。

ここでベートーヴェン中期の五大ソナタを演奏した彼女は「ベートーヴェンの大家」としての地位を確固たるものにする。ただ、当時のプログラムでは現代のような「ソナタ」という表記はなく『悲愴奏鳴曲』『月光奏鳴曲』『ニ短調奏鳴曲』（『テンペスト』）『極光奏鳴曲』（『ワルトシュタイン』）『熱情奏鳴曲』と書かれている。

久野が「ベートーヴェンの午后」を催した大正七年（一九一八）といえば、六月一日に徳島県の板東俘虜収容所で、ドイツ人捕虜たちによって『第九』（交響曲第九番）全曲の日本初演が行われた、日本のベートーヴェン受容史にとって歴史的な年である。

久野は、その五年後には、難曲中の難曲『ハンマークラヴィア』を含む後期のソナタによるヨーロッパの大演奏家も顔負けのプログラムに果敢に挑む。大正十二年（一九二三）に開催されたこの二度目の「ベートーヴェンの午后」は、東京と同じプログラムで京都、岡山、広島でも開催されて大成功を収める。

広島では「この不世出の大天才ベートーヴェンが成せる五大芸術を、その芸術に対する最も真摯なる、その熱烈なる情火、その意志の強大なる、諸点において、最も彼に彷彿する我が久野教授の演奏を聴くことを衷心より歓喜す」という賛辞が送られる。

そして、これが彼女の日本での告別演奏会となる。

血の滲むような永年にわたる研鑽の日々のなかで、久野はここにきてようやく手応えをつかむ。ここまで自分の力のなさや限界を嘆いてばかりいたが、ようやく手にしたピアニストとしての自信とともに、自分の技量を本場ヨーロッパで試してみたいという夢を抱く。しかし、大きな不安もある。

この揺れる想いを、彼女は友人である作家の江馬修に宛ててこう書いている。「私は西洋ゆきは望みませぬ。西洋へ行かずに十分ニギレル自信と、このまま日本にいたいわがままがあります。けれど二年三年五年自由な時間がほしいのです。そうしないと今のあわれさのつらさを抜けられません」。

大正十二年四月十二日、久野は、まるで周囲の期待に追い立てられるように文部省の海外研究者としてヨーロッパに向けて旅立つ。それが祖国との永久の別れになることも知らずに——。

ウィーンに死す

「あはれ海の彼方に散る楽壇の花。音楽家久野久子女史。ウヰンナで自殺を企つ」

大正十四年（一九二五）四月二十二日付の「都新聞」の見出しである。翌日の同紙には「ヴインの郊外バーデンの温泉ホテル三階の屋上から飛んだ東京音楽学校教授久野久子女史は、遂に手当の甲斐もなく二十一日午後九時半死亡した旨赤塚領事より二十二日朝外務省に入電があった」という記事が掲載された。

「日本が誇るピアニスト久野久女史、自殺」のニュースは新聞各紙に報じられ、大きな話題となったが、とりわけ日本の音楽関係者にはかりしれない衝撃を与えた。自殺の原因は、ドイツで尊敬する大ピアニストのエミール・フォン・ザウアーに教えを請うたとき、その奏法をことごとく否定され、基礎から猛練習をやり直すようにいわれたことに絶望したためと伝えられるが、真相はわかっていない。

ヨーロッパでの久野は、現地で洋装を見事に着こなした師の幸田とは異なり、慣れた和服や日本での習慣を変えることを頑なに拒み、小さな東洋人が着物姿で不器用に歩く姿は、現地の人には異様なものに映ったという。

大正時代の日本の西欧音楽界の演奏は、いうまでもなく揺籃期の稚拙な水準にあった。

日本の演奏家がいきなり本場ヨーロッパの一流演奏家と互角に張り合おうなどとは無謀きわまりないともいえるが、久野の同時代人である音楽評論家の兼常清佐は、久野久という悲劇を生んだ大正楽壇の状況をこう語る。

「久野女史は正に過渡期のニホンの楽界の犠牲である」「ニホンは知らず知らずこの哀れなる天才を弄んでいた。ピアノを聞く代りに熱情を聞いていた」「ピアノの技巧の不備な処を逸話や、生活に対する同情や、空虚な文学的な形容詞などで補うていた」「しかしベルリンではもはや逸話も同情も用をなさぬ。ピアノはただ強く早くたたきつける事ばかりが熱情と努力の現れではない。ピアノはまず純粋にピアノでなくてはならぬ」。

久野はヨーロッパに出発するまえの大正十一年（一九二二）から十二年に、その生涯の最初で最後のレコーディングを行っている。曲目は、彼女の十八番ともいうべきベートーヴェンの『ムーンライト・ソナタ』である。このレコードが発売されたのは、彼女が自殺したあとの大正十五年（一九二六）二月のことだった。彼女自身は録音された演奏に満足してはいなかったようだが、久野久の演奏を偲ぶことができる唯一の貴重な記録である。

ＳＰから復刻された録音を聴いてみると、シャーシャーという雑音の奥から聴こえてくる遠くかすかな音は、やはり切なく、やるせない。第三楽章の「プレスト・アジタート（早く、激して）」は熱情的というよりも、まるで叫び狂っているように聴こえる。

横浜で誕生した日本最初のベートーヴェン協会

ここからはふたりの外国人音楽家について語っていこう。

ひとりめは、まだ日本人のほとんどがベートーヴェンの音楽を知らなかった明治三十三年（一九〇〇）に、日本初のベートーヴェン協会を創設したユンケル。もうひとりは、大正期の東京音楽学校の管弦楽団を鍛え上げて、ついにベートーヴェンの交響曲を演奏できる水準まで高めたクローンである。

舞台は、横浜だ。江戸時代には東海道の街道筋から離れた辺鄙な一寒村に過ぎなかった横浜は、明治維新以降、日本と西洋を結ぶ文明開化の先進都市に急成長した。西欧文明の窓口として、ここからありとあらゆる西欧文明がもたらされたが、その象徴は外国人居留地の存在である。ここは、まさに日本のなかの「リトルヨーロッパ」だった。

この横浜で、外国人の娯楽のために建設され、演劇や音楽など芸能の分野で大きな存在感を示したのが横浜ゲーテ座である。明治三年（一八七〇）本町通りに開場し、のちに山手地区に移転したが、大正十二年（一九二三）九月一日、関東大震災の直撃を受けて倒壊するまで、演劇、音楽会、映画など、横浜に住む外国人のためにさまざまな娯楽を提供した。

なお、ゲーテ座の「ゲーテ」は、ドイツの文豪ゲーテとは無関係であり、「The Gaiety Theatre」という英語の名称は、日本語では「ゲーティ」とも発音できる。「楽しみ」「娯楽」「華やかさ」という意味である。

この横浜の外国人居留地で、日本で最初の「ベートーヴェン協会」が誕生したのは、ある意味では当然といえるかもしれない。まだベートーヴェンが何者かすら知られていない当時の日本では、西洋の作曲家の愛好団体など成立するはずもないからだ。

その創立者は、明治三十一年（一八九八）に来日したドイツ人の音楽家、アウグスト・ユンケルである。明治三十三年に、横浜に居住するアマチュア演奏家たちを中心として結成されたベートーヴェン協会は、ゲーテ座での定期演奏会を中心に、十年間ほど活動したことが知られている。

この協会の定期演奏会プログラムをみると、ドヴォルザークの『弦楽四重奏曲』、グリークの『ヴァイオリンとピアノのためのソナタ』、ブラームスの『ピアノ四重奏曲』

などが並んでいる。ベートーヴェン協会とはいっても、必ずしもベートーヴェンの作品ばかりが演奏されたわけではなかったが、横浜に住む外国人たちが、遠く離れた東洋の島国でヨーロッパの音楽にふれる貴重な機会だったことだろう。

ユンケルは、来日した翌年の明治三十二年から明治四十五年（一九一二）まで、東京音楽学校の教師を務めた。彼の弦楽合奏や管弦楽の指導によって、東京音楽学校のオーケストラは、めざましい進歩を遂げた。ユンケルが日本で初演したベートーヴェン作品には、『交響曲第三番　英雄』（第一楽章のみ）や『ピアノ協奏曲第三番』などがあるが、明治二十年（一八八七）の『交響曲第一番』が、交響曲とはとても呼べない小編成による未熟な演奏だったことを思えば、これらは日本人がはじめて接することができたベートーヴェンの管弦楽作品だったともいえるだろう。東京音楽学校の定期演奏会にオリジナルの形で管弦楽曲が演奏されるようになるのも、この時期からのことだ。

ベートーヴェン生誕百五十年祭

明治が終わり、大正のはじまりとともに、ひとりのドイツ人音楽家が日本にやってくる。グスタフ・クローンである。一八七四年に生まれ、ドレスデンの音楽学校を卒業。

ハンブルク・フィルハーモニー協会、ベルリン・フィルハーモニー管弦楽団のヴァイオリン奏者を務めた彼は、ユンケルの後任として管弦楽およびヴァイオリン教師として東京音楽学校に雇い入れられた。

クローンは、ベートーヴェン信奉者だった。彼は六曲のベートーヴェン交響曲の日本初演を果たすが、その業績は、東京音楽学校の管弦楽団を鍛え上げ、まがりなりにもベートーヴェン交響曲全曲を演奏できる水準にまで高めたことにある。その意味では、前述のユンケルとともに、日本のベートーヴェン演奏史に欠かせない功労者といえる。

大正二年（一九一三）十二月六日と七日に開催された第二十九回定期演奏会は、クローンの就任披露演奏会でもあった。ここで彼は、自らのヴァイオリン独奏によりベートーヴェン『ヴァイオリン協奏曲ニ長調』を演奏している。

クローンの定期演奏会で演奏されたベートーヴェンの交響曲を、ざっと辿ってみる。

大正七年（一九一八）五月二十六日、交響曲第五番『運命』の日本初演。「ジャジャジャジャーン！」という、あの有名な響きが、ついに日本で鳴り響いた。ただ、このときはまだ『運命』というニックネームは付いていなかった。

大正八年（一九一九）六月には、『田園』の愛称で知られる『交響曲第六番』の日本初演。

大正九年（一九二〇）六月には、『交響曲第一番』の全曲初演。明治二十年（一八八七）に日本ではじめて演奏された交響曲が、三十三年の時を経て、これでようやく全曲演奏されたことになる。また、大正九年はベートーヴェンの生誕百五十年ということで、ほかにも『交響曲第三番　英雄』や『ピアノ協奏曲第三番』（ピアノ独奏、小倉末）など、オール・ベートーヴェンプログラムが組まれた年でもある。

大正期の日本社会に、まだ西欧の音楽家のメモリアル・イヤーを祝う環境が整っていたわけではなかったが、それでも「ベートーヴェン生誕百五十年記念演奏会」と題して演奏会を開けるだけの実力が、すでに東京音楽学校には備わっていたことになる。

東京音楽学校と契約した時点で、クローンはベートーヴェンの主要作品を日本で演奏する計画だったようだ。大正十一年（一九二二）は『交響曲第八番』、そして契約満了となる最後の年に『第九』で有終の美を飾った。

大正十三年（一九二四）十一月二十九、三十日の二日間にわたって行われた、この『第九』公演は、日本人演奏家によるはじめての全曲演奏で全国的にも注目を集めた公演として歴史に刻まれている。このときのオーケストラと合唱団の集合写真が残ってい

大正13年の東京音楽学校管弦楽団と合唱団

るが、中央の指揮台で威厳を持ったポーズを取るクローン、和装や髪型に時代を感じさせる女性演奏家たち、オルガンが設置されるまえの奏楽堂など、大正期の演奏風景をいまに伝える歴史的なドキュメントである。この日本人と『第九』の物語は、あらためて第九章でとりあげる。

クローンは、ベートーヴェンの交響曲のほかにも、チャイコフスキーの『交響曲第六番　悲愴』や『バレエ組曲くるみ割り人形』、リストの交響詩『レ・プレリュード』やシベリウスの交響詩『フィンランディア』など、ヨーロッパの多彩な管弦楽曲プログラムも採りあげたが、それでも彼の音楽の核は、あくまでベートーヴェンにあった。

ドイツ出身のクローンは、まるでベートーヴエン演奏の申し子のように日本に登場した。その信念と情熱が、彼の指揮棒を通してようやくオーケストラとしての形が整いつつあった大正期の日本のオーケストラに、魂を注ぎ込んでいったのだ。

ドイツ音楽万能主義の形成

日本の西欧音楽史が、バッハを「音楽の父」として、モーツァルト、ベートーヴェン、ワーグナーなど、ドイツ圏の音楽家を中心に語られるのは、あえて単純にいえば、ドイツ系音楽家をヒエラルキーの頂点に据えた音楽史観を日本が選択したということだ。そして、のちにベートーヴェンが「楽聖」と崇められるようになる背景には「ドイツ音楽にあらずば音楽にあらず」という明治・大正期の東京音楽学校を支配していた「ドイツ音楽万能主義」がある。

明治生まれの音楽評論家、野村光一は「ドイツ音楽万能主義」をこう語る。

このドイツ音楽万能主義は単にクローン氏やその他上野御雇外国人教師ショルツ氏、ヴェルクマイスター氏等のドイツ系が抱いていたばかりでなく、上野のあらゆる邦人音楽家、即ち教師や生徒迄総てが絶対的に尊奉していた信条であった。彼等はクローン氏と同じくドイツ音楽以外の音楽は音楽に非ずと考え、イタリーやフランスの音楽を演る輩は民間の連中で、而も音楽の掟に背く不逞無類の徒と見做して、これを甚だ侮辱の眼を以って見ていたのである。従って又、彼等の奉ずるドイツ音楽の範を垂れる之等のドイツ人教師達をまるで生き神様の如く惟い、或る場合には恐怖の念も伴う強烈な尊敬を以ってこれを迎えたのである。

『音楽公論』一九四二年五月号

第一章でもふれたように、これは近代化に邁進した明治新政府がドイツ帝国に自らの理想の国家像を重ね合わせ、ドイツ思想を国学としたことが音楽にも影響した結果にも思えるが、少なくとも東京音楽学校の初代校長だった伊沢修二が掲げた「国楽創生」の理念ではない。

日本の音楽教育の父ともいえる存在だった伊沢は、明治二十四年（一八九一）六月に突如非職を命じられて、以降、音楽教育の現場から遠ざかるが、後年、自分の手を離れて久しい音楽学校についてこう語っている。「近来同校の傾向は所謂芸術の為の芸術と云ふ風になりて専修科師範科の区別あるにも係はらず師範科の者も偏へに技術の発達のみ願ひ教師としての修養は殆ど顧慮せざるもの丶如し」。このことばには、彼が目指した日本独自の音楽を創生するという理念は忘れ去られ、音楽教育者に求められる修養は顧みられず、音楽は「芸術のための芸術」になってしまったという無念が滲んでいる。

伊沢とともに日本の音楽教育の立ち上げに尽力し、東京音楽学校の創立者のひとりでもある目賀田種太郎は、のちに明治期の音楽界について、こう述懐している。

「メーソン氏が日本からアメリカに帰国したあと、政府は後継者を探した。しばらくして著名なドイツ人音楽家を雇用することになったが、わが国における音楽の効用に関して彼がとった態度はメーソン氏の態度とは基本的に異なっていた。彼は才能ある若い音楽家を探して、芸術音楽を教えた。他方、日本国中で歌われる音楽は、残念ながら廃れてしまった。素晴らしい昔から伝わる歌や、素朴な歌にかわって、西洋音楽は流行歌と同義語になってしまったのだ」

第四章　活字で音楽に熱中した人々

明治のクラシック音楽演奏会

日本で最初のクラシック音楽マニアが登場したのは、いつのことだろうか？
「マニア」を「ある特定のジャンルに没頭する人々」と仮に定義すれば、まずはクラシック音楽がひとつのジャンルとして社会に認められる必要があるが、それを知るために、明治中期までのクラシック音楽の演奏会についてふれておきたい。

明治中期までのクラシック音楽の演奏会といえば、まずは当時唯一の西欧音楽教育機関だった東京音楽学校の卒業演奏会や定期演奏会があるが、そこでは聴衆が集まらないために通行人にお菓子を配って勧誘したというすでに紹介したエピソードが示すように、その時期には西欧音楽の聴衆層と呼べるものは、まだほとんど存在していなかった。

それでも明治二十年（一八八七）頃には、東京の街にも西欧音楽の演奏会を催す演奏団体がちらほらと現れてくる。日本で最初の西欧音楽振興団体は、明治十九年（一八八六）七月に設立された大日本音楽会だが、会長は鍋島直大侯爵、会員は官界、学界、実業界などの上流貴紳淑女と外国人たちで、演奏会場は鹿鳴館であったことからみても、とても一般に開かれた演奏会を開催した団体とはいえない。

次に、海軍軍楽隊の出身者を主体とした職業音楽団の発祥とされる「東京市中音楽隊」（明治二十年）、東京音楽学校の卒業生による明治音楽会（明治三十一年）、帝国ホテルなどで演奏会を開いた、三菱財閥の岩崎小弥太が主宰した東京フィルハーモニー会（明治四十三年）などがあるが、なかでも、すでに登場した日本初の野外音楽堂として明治三十八年（一九〇五）に完成した日比谷公園野外音楽堂での陸海軍軍楽隊による無料演奏会が、開放的な雰囲気もあって一般に人気を博した例だろう。

とはいえ、これらの演奏会で演奏された西欧音楽のほとんどは、現代のクラシック音楽ファンからみれば、邦楽と洋楽の折衷音楽とか、せいぜい名曲コンサートのようなものので、とてもクラシック音楽とは呼べないものがほとんどだった。

そのような、まだクラシック音楽の実演を聴く機会などほとんどなかった明治中期から後期にかけて、あるひとりの西欧音楽家がちょっとした旋風を巻き起こすことになる。

その音楽家とは、この本の主人公ベートーヴェンではない。彼の四十三歳年下で、神のようにベートーヴェンを崇拝し、楽劇『ニーベルングの指環』などで知られるリヒャルト・ワーグナーである。

明治に突如巻き起こったワーグナーブーム

明治三十五年（一九〇二）に評論家の姉崎嘲風が雑誌『太陽』に掲載した論文がピークとされるこの明治期のワーグナーブームには、じつにさまざまな人物が登場するが、このブームを盛り上げた当事者たちが、先ほどの定義に従えば、日本で最初のクラシック音楽マニアと呼べるのかもしれない。

なかでも、とくに有名なのは、明治二十九年（一八九六）にはじまった、森鷗外と上田敏の熾烈なワーグナー論争である。内容は、ワーグナーの後期作品に登場する無限旋律とレチタティーヴォ（朗唱）を巡る論争という、現代のマニアの視点からみても、かなりマニアックなものだ。

森鷗外は、いうまでもなく明治・大正期の日本文壇を代表する文豪のひとりだが、「交響曲」の訳語の発明など、日本クラシック音楽界の影の功労者でもある。

上田敏は、東京帝国大学英文科時代に、講師の小泉八雲から「英語で自己表現ができる一万人中唯一人の日本人学生」と絶賛された秀才で、評論家、詩人としても名を馳せた翻訳家である。早くから演奏会評なども執筆したが、その評論は楽曲解釈から演奏技術にまで踏み込んだ、相当に凝ったものだった。

たとえば、二十歳の時に書いた演奏会評はこんなぐあいだ。「グリッサンドオの魂を漾《ただ》よはすあたりエキスプレッシオンは美しく濃かにつきて、とくに断腸の思ありしはカデンザソロの部小指のトリル三十二分音譜の難渋なる拍子なり」。

このふたりのワーグナー論争は、結局、両者平行線をたどったままに終わるが、まだ日本でクラシック音楽に接する機会がほとんどなかった当時では、西欧音楽学者や音楽評論家という職業は成立していなかった。異国の文化コードで組み立てられている異国の音楽を解読できたのは、異国の言語を理解できる一握りのエリートだけだった。すなわち、それは西欧の言語や文学に通じた作家や翻訳者たちだった。ワーグナーを語り、ベートーヴェンを語ることができたのは、ドイツ文学や哲学を専門とする学者や作家などの文士たちだったのだ。

おもしろいのは、このワーグナーブームが多くはワーグナーの音楽を実際に聴いたことのない人々のあいだで盛り上がったことだ。つまり、ブームとはいえ、その実体はクラシック音楽ブームというよりも、一種の文学運動だったともいえる。

音楽鑑賞とは、実演であれ録音であれ、その音楽を「音として」体感することからはじまるというのは現代の常識にすぎない。いまだ実演もなく、録音メディアも存在しない当時は「書かれたもの」から音楽鑑賞をするしかなかった。つまり明治期の日本最初のクラシック音楽マニアの正体は、「活字で音楽に感動する人々」のことだったのだ。

ドイツ思想としてのクラシック音楽

ところで、その最初のクラシック音楽ブームが、なぜベートーヴェンでもモーツァルトでもなく、ワーグナーだったのだろうか？　ふたつの理由が考えられる。ひとつは、ブームを盛り上げた人々が音楽関係者ではなく文学者だったこと。ふたつめは、ワーグナーがニーチェに代表されるドイツ近代思想に深く結びついていたこと。そして、ワーグナー自身が、音楽家であるとともに文筆家であり、革命思想家でもあったことが、その音楽を論じるうえでも大きく影響していたと思われる。

たとえば、このブームの牽引者のひとりだったドイツ文学者の田村寛貞は、編書『楽聖ワークナー』（大正五年刊行）の冒頭でワーグナーを「詩人であり、音楽者であり、哲学者であり、文芸評論家であった」と書き、必ずしも音楽家であることを強調していない。ドイツ思想を志す人々にとっては、自身の思想を著作として言葉で書き残さなかったベートーヴェンよりも、ワーグナーの方が思想的に近づきやすい存在だった。明治期のドイツ文学や思想に傾倒した人々にとっては、その音楽よりも、ワーグナーという人物を形成したドイツ思想そのものに心酔したのだ。

音楽評論家の中村洪介は、明治期のワーグナーブームをこう分析する。「近代化を急ぐ日本の文壇にとって『思想家』ワーグナーが論ずるに恰好の人物であった事、またたとえ音楽を充分聴かず専ら活字に拠ってもワーグナーの『思想』は論じられた事、これがワーグナー聴かずのワーグナー論者を多数生み出すという特異現象の因って来る所以だった」。

ワーグナーブームがもたらしたものとして、竹中亨は、著書『明治のワーグナー・ブーム』のなかで、クラシック音楽が教養主義と結びつく端緒となったと指摘している。

このようなワーグナーブームに象徴される「活字で音楽に感動する」クラシック音楽マニアたちは、なぜ登場したのか。その背景を調べていて驚いたことがある。明治期に刊行された雑誌のあまりにも膨大な点数に、である。東京大学の『明治新聞雑誌文庫』所蔵目録によれば、明治期に発刊された雑誌は、東京だけでも三千五百種におよぶ。すさまじい数である。

日本で最初に刊行された雑誌は、慶応三年（一八六七）十月創刊の『西洋雑誌』とされているが、巻末に「此雑誌出板《ママ》の意ハ、西洋諸国月々出板マガゼイン（新聞紙の類）の如く、広く天下の奇説を集め……」とあるように、日本最初の雑誌の目的はオランダの学術雑誌からの翻訳を主に、西洋の歴史や自然科学、哲学、物理などの知識の紹介だった。

そこから、じつにさまざまな分野の雑誌たちが生まれては消えていくわけだが、表現の自由が法律で規制されていた時代に、これだけの数の雑誌が発刊されたという事実をみれば、まだ音で聴くことはできなかったにしても、かえってそれゆえに文章だけでワーグナーの音楽に陶酔し、熱狂できた文学者たちがいても不思議ではないように思える。

明治期の音楽雑誌に登場するベートーヴェン

では、ブームになるほど注目されたワーグナーに比較して、ベートーヴェンはどのような位置にいたのだろうか。結論からいえば、西欧音楽の大家のひとりとして認められては いたものの、彼はまだ「そのなかのひとり」に過ぎなかった。

明治期の日本で発行された最初の音楽専門誌に『音樂雜誌』がある。この雑誌は、明治二十三年の創刊から同三十一年の終刊まで計七十七号が発刊されたが、その三十九号に「音楽大家として其の名天下に轟くも十一人あり」として、西欧音楽の音楽家たちの名前が列記されている。

その十一人とは「パレストリナ、ハンデル。ジヨン、セバスチアン、バハ。ヘイデン。モザート。ビートーベン。カールマリア、ボン、ウエバー。フラズ、シユベルト。メンデルソーン。ロバート、シユーマン。リチヤード。ワク子ル氏」とある。名字と名前が混合されているが、整理するとこうなる。すなわち、パレストリーナ、ヘンデル、J・S・バッハ、ハイドン、モーツァルト、ベートーヴェン、ウェーバー、シューベルト、メンデルスゾーン、シューマン、ワーグナーの十一名である。明治中期の日本で認められていた西欧音楽の巨匠たちは、ざっとこのような感じだったと思われるが、この『音樂雜誌』のなかに、ベートーヴェンの名前は登場するものの、関連する記事は多くはなく、特別に扱われていたという印象は受けない。

東京音楽学校の学友会機関誌として明治四十三年（一九一〇）から大正十一年（一九二二）まで刊行された雑誌『音楽』でも、当時のワーグナーブームの影響を反映してか、ワーグナー関連の記事の多さに比較してベートーヴェンの名前は決して目立っているとはいえない。

『音楽』誌上の明治時代の主なベートーヴェン記事には、田村寛貞『クリンガーのベートーヴェン』（明治四十三年）、高安月郊『ゲーテとベートーヴェン』（明治四十四年）などがあるが、田村はドイツ文学者、高安は劇作家である。テーマもドイツ文学に関係している。ベートーヴェンの生涯にふれた「伝記」的な記事が音楽雑誌に頻繁に登場するようになるのは、明治後期から大正期にかけてのことになる。

明治・大正期の音楽雑誌に掲載されたベートーヴェンの記事を研究した福本康之によれば、明治二十年代の日本におけるベートーヴェンは、「楽聖」像の形成に向かう前段階であり、明治三十年代に各雑誌におけるベートーヴェン情報が増加し、明治四十年代には、ちらほら「楽聖」という呼称がみられるようになってくるという。

明治四十年（一九〇七）九月の『東京朝日新聞』には、「楽界の新趨勢」として「少しく教育ある令嬢は皆洋楽に趨《はし》りてヴアイオリン、ピヤノ大流行となり、オルガンの如きは野暮な楽器と蔑まるるに至れり」という記事がある。西欧楽器の流行とともに、西欧音楽業界が形成されていくのもこのころからだ。

しかし、「楽聖ベートーヴェン」が誕生するプロセスのなかで、何といっても重要な時期は大正期から昭和初期にかけてだ。それも演奏会だけではない。大正期に登場したふたつのメディアが決定的な役割を演じることになる。これは次章のテーマである。

ここからは、活字でクラシック音楽に感動した明治の文学者から視点を変えて、実際に欧米に渡り、己の眼と耳と肌で西欧文明と音楽にふれた明治の文豪たちが、クラシック音楽に何を聴いたかについてふれておきたい。

西欧音楽やオペラに目覚めた文豪たち

クラシック音楽の実演を聴く機会がほとんどなかった明治初期に、それらの音楽にふれることができたのは、海外に留学できた人々だった。なかでも、まだふつうの日本人がヨーロッパに行くことなど夢のまた夢だった時代に、ドイツやフランスに留学した森鷗外、永井荷風、島崎藤村などは、本場ヨーロッパで西欧音楽を肌で感じ、それを筆にすることができた貴重な存在であり、日本で欧米の近代文明に憧れる若者たちからみれば、まさに西欧文明を体感したエリートでもあった。

まずは、さきほども登場した森鷗外である。現東京大学医学部の前身である東京医学校を卒業して軍医として陸軍に入った森鷗外は、明治十七年（一八八四）に陸軍省の派遣留学生としてドイツに留学する。彼はドイツではじめてオペラを鑑賞したとき、日本の家族に宛てて「西洋歌舞伎を観た」と書き送っている。明治時代の日本人にはオペラが歌舞伎にみえたというのは興味深い。

鷗外は「余の西欧に在るや、楽劇（オペラ）の場に入ること数十回なりし」と述べているが、約四年に及ぶドイツ滞在中に数十回も劇場に足を運び、オペラ台本も十五冊程度所有して熱心に研究した跡が残っている。

永井荷風は、音楽を愛し、オペラを愛した作家だった。父はアメリカ留学経験もあるエリート官吏であり、芝居好きの母の影響で、幼いころから歌舞伎や邦楽に親しんだ。

明治三十六年（一九〇三）、二十四歳の荷風は、父の意向で実業を学ぶためにアメリカに渡り、ニューヨーク、ワシントンで日本大使館や銀行に勤務したのち、念願だったフランスにも滞在した。「遠く独り、欧米の空の下に彷徨ふとき、自分が思想生活の唯一の指導、唯一の慰藉となつたものは、宗教よりも、文学よりも、美術よりも、寧ろ音楽であつた」と書いているように、不本意な銀行勤めをしながら彼がめざしたのは筆で生きていくこと、できればオペラ作家になることだった。

ニューヨークのメトロポリタン歌劇場でワーグナーの『トリスタンとイゾルデ』を聴いたとき「余は深き感動に打たれ詩歌の極美は音楽なりてふワグネルが深遠なる理想の幾分をも稍窺《ややうかが》い得《え》たるが如き心地し無限の幸福と希望に包まれて寓居に帰りぬ」と書く。荷風がこの演奏会を聴いたのは、明治三十九年（一九〇六）一月のことだから、さきほどの「鶏の首を絞めたように」感じた日本人の西欧音楽体験からは、二十数年しか経っていないことになるが、この感性の違いは歴然としている。

荷風の明治文明批判

「欧米と号したけれど、古来音楽の中心点たる独逸も、ベトーヴエンが生涯を送つた墺国の維納《ウィーン》も自分は見た事がない」と『欧米の音楽会及びオペラ劇場』の冒頭に書いているように、荷風は結局、ドイツやウィーンには行くことができなかった。

だが、ニューヨークやパリで最先端の欧州文化を吸収して帰国した荷風の眼に、明治の文明は、いかにも軽薄な偽物に映った。それは、イギリスから帰国した漱石が、明治の文明開化を「皮相上滑《うわすべ》りの開化」といったことにも通じているが、音楽好きでオペラ好きの荷風は、批判の矛先を日本の音楽界にも向けた。

荷風が新進作家として注目されるきっかけにもなった『新帰朝者日記』では、日本では劇場も「社会一部の勢力者が国際上外国に対する浅薄な虚栄心無智な模倣から作つたもの」にすぎず「明治の文明全体が虚栄心の上に体裁よく建設されたもの」であり、もし国民が自覚して社会の根本思想を改革しなければ、百の劇場も「新形輸入の西洋小間物に過ぎない」と主人公に言わせている。

さらに、音楽を学ぶ日本人の学生のなかに「西洋音楽は日本音楽よりも高尚である深遠であると云ふ盲目的判断」があることにも、荷風はひどく絶望している。

彼が書いた『西洋音楽最近の傾向』という小文が、リヒャルト・シュトラウスとドビュッシーという、まだ日本ではほとんど知られていなかったふたりの現代作曲家を中心に、西欧音楽史の略伝と当時の欧米音楽界の状況を見渡す秀でた論考になっていることからみても、荷風の音楽にかんする造詣の深さは窺えるが、その感性の鋭さは、次の文章にもよくあらわれている。漱石にも通じる明治の文明批判だが、文章に音楽的な匂いが漂うのは、音楽を愛した文豪たる所以だろうか。

明治の文明。それは吾々に限り知られぬ煩悶を誘ったばかりで、それを訴うべく託すべき何物をも与えなかった。吾等が心情は已に古物となった封建時代の音楽に取り縋がろうには余りに遠く掛け離れてしまったし、と云って逸散に欧洲の音楽に赴かんとすれば、吾等は如何なる偏頗の愛好心を以てするも猶風土人情の止みがたき差別を感ずるであろう。

吾等は哀れむべき国民である。国土を失ったポーランドの民よ。自由を持たぬロシヤ人よ。諸君は猶ショーパンとチャイコウスキーを有しているではないか。

永井荷風「黄昏の地中海」(『ふらんす物語』所収)

ドビュッシーに日本を聴いた島崎藤村

鷗外と荷風からはやや遅れて大正初期にフランスに滞在した島崎藤村は、フランスの近代作曲家ドビュッシーの音楽を「日本人の感覚に近い」と書いている。鷗外より十歳年下、荷風より七歳年上の島崎藤村は、大正二年(一九一三)から約三年フランスに滞在したが、一九一四年三月二十一日、サル・ガヴォーという劇場でのドビュッシーの演奏会の感想を、このように語っている。

耳を澄まして居ると、夕方の林に小鳥の群が集つて互にガチヤ〳〵鳴き騒いで居る様な音が聞えて來ます。見ると彼の音樂者の指は洋琴（ピアノ）の鍵盤の極く高い音の出る部分に集つて居ました。どうかすると極く無造作にポツンと音の流れが切れて、それで一つの曲の終つたのもありました。（略）新しい聲です。その新しさは新奇であるが爲に心を引かれるのでなくして、自分等の心に近い音樂であると感ずるところより生じて來るのです。（略）不思議にも私は故國なる西洋音樂の聯想をあまり胸に浮かべないで反つて杵屋の小三郎の長唄とか、六左衞門の三味線とかを思ひ出しました。

島崎藤村「音樂會の夜、其他」（『平和の巴里』所収）

日本の浮世絵などに深く影響をうけたドビュッシーの音楽の「声」に、長唄や三味線を感じたというのは、さすがに繊細な作家らしい鋭い感受性である。

締めくくりに、もうひとつの文章をご紹介する。藤村がパリと東京の街の「音」の違いについてふれた文章である。当時の日本人が異国の都会で感じた「音」と、東京の「声」が対比されているが、ここにはもはや失われた明治時代の東京の音風景が感じられて、とても味わい深い一文である。

巴里の町には響がある。東京の町には聲がある。巴里の町にも聲は無いではないが、あの東京の方で聞く勇ましい鰯賣の聲や、花賣辻占賣の聲や、四季折々の物賣の聲に限らず、車夫は聲を掛け、按摩は呼んで通り、押して行く荷車の前後にまで聲があつて、下町の空氣の濃いところと成ると流行唄《はやりうた》、假白遣《こわいろづか》ひ（役者や有名人のせりふ回しや声をまねること）、廣告の口上、飴屋の歌、其他數へ切れないやうな彼の朝晩の賑かさに思ひ比べると、こゝには彼程の聲は無い。全く、東京の町は聲で滿たされて居るやうな氣がする。そのかはり、こゝは響だ。人の代りに器械や馬の働く響が石づくめの町の空に搖れて來る。

島崎藤村「戰爭と巴里」（『春を待ちつゝ』所収）

「東京の町には声がある」と藤村が書いた明治の東京も、ひとつの時代の終わりを迎えようとしていた。明治四十四年（一九一一）三月。東京・日比谷に帝国劇場が竣工する。明治という激動の時代に名を刻んだ鹿鳴館や華族会館を彩った欧化政策としての音楽文化は、帝劇と呼ばれたこの白亜の殿堂に受け継がれることになる。それは封建的華族階級から、日清、日露戦争を経て成長した新興ブルジョワジーの手に音楽文化の未来が託されたということでもあった。

翌年の七月三十日に迎える大正元年までは、あと一年四ヶ月。まさに明治という時代の終幕を飾る象徴的な建築物でもあった。

第五章　蓄音機とラジオと「月光の曲」

戦争に始まり、大震災に終わる

明治から大正への移り変わりを強烈に印象づけたのは、元号の改定よりも第一次世界大戦の勃発だった。この戦争がそれまでの日本社会の風潮を大きく変えることになったからだ。

大正時代は戦争にはじまり、大震災が関東一円を破壊して終わった、わずか十四年という時代ではあったが、大正デモクラシー、天皇機関説と憲法論争、米騒動、アジア外交の軋み、文化生活など、現代の「起点」という視点からあらためて眺めると、とても興味深い時代でもある。

明治は「御一新」という言葉に象徴されたように、西欧文明という大波が国を襲い、西欧文明に染まった時代とはいえ、まだ旧来の封建制度や官僚による政治体制も残っていた。その日本も明治後期に入り、日露戦争の勝利などが経済や社会に豊かさをもたらすと、徐々にその体制もほぐれ、個人の自覚が促されてくる。そのような社会の風潮のなかで生まれたのが、明治文壇を中心とした自由主義運動だった。

フランスの自然主義運動に影響を受けた文学者や芸術家が新たな風潮の波に乗り、芸術に憧れて小説家を志す若者や音楽家や画家志望の者が続々と現れる。彼らがさまざまな芸術運動を繰り広げ、新しい気風が生まれてくる。

明治二十八年（一八九五）生まれの音楽評論家、野村光一は、それらが当時の若い人々に与えた影響の大きさと生活態度の変化は、それ以前の明治時代には考えられなかったと述懐している。

時代が大正に変わるとともに勃発した第一次世界大戦は、その風潮の大きな節目ともなった。日本にとってこの戦争は、戦渦に巻き込まれたというよりも「大戦景気」と呼ばれた軍需景気に沸き立ち、経済が大きく飛躍するきっかけとなった。

日本の国民総生産は、五年間で約三倍に、工業生産高は約五倍に拡大した。国際収支は黒字が続き、外貨保有高は六倍になった。「成金」という言葉が流行したのもこの時期のことだ。成金たちは、芸妓をあげ、庭の池を牛乳で満たしたり、朝鮮へ虎退治に出掛けたりという派手で破天荒な振る舞いが世間の注目を集めた。

この好景気が、明治後期からの芸術運動の流れを一気に加速させる。富豪たちが海外に遊び、西欧風の趣味や教養を日本に持ち帰る。大正ロマンや大正リベラリズムという、明治期とは一味違う独特の風潮が生まれるのも大正期の特徴だ。

明治時代後期に誕生した「ハイカラ」という西洋かぶれを意味する流行語が定着したのも大正時代だ。大正元年ともなった明治四十五年（一九一二）六月九日の夏目漱石の日記に「上野音楽会を聴きに行く。ハイカラの会なり。管絃楽も合唱も面白し」とあるが、西欧音楽が「ハイカラ」と呼ばれるようになるのも大正時代のことだ。

そして、この時代に未来の音楽文化を大きく変えるふたつのメディアが登場する。蓄音機とラジオである。

レコードを渇望した日本人

蓄音機やラジオなど「機械によって奏でられたクラシック音楽」は、日本におけるクラシック音楽受容史に決定的な役割を演じた。それは、コンサートがまだ珍しかった大正・昭和初期にかぎらない。現在、日本国内で開催されているコンサートは、クラシック音楽の分野だけでも年間約一万四千回という膨大な数である。日本国中、いまやいたるところでクラシック音楽の演奏会が開かれている。にもかかわらず、いまだ多くの愛好家にとっては、ＣＤやレコードでひとり静かに聴く音楽の方が、演奏会よりも「身近」なクラシック音楽でありつづけている。それは、大正時代に日本にやってきたレコードとラジオこそがクラシック音楽を日常的な存在にしたからだ。令和という新しい時代を迎えたいまも、それは変わらない。

昭和初期を生きた日本のクラシック音楽愛好家にとって、レコードはどのような存在だったのか。熱烈な音楽愛好家でもあった大正生まれの作家、五味康祐の言葉に耳を傾けてみよう。

あの頃のベートーヴェン愛好家のすべてが、そうだったとは思わないが、はじめて、日本で『第九交響曲』の全曲レコードが聴けたとき、それの入手できたとき、どんなに人々が興奮し、感激したかを古老たちは語っている。日本という国は、レコードによるしか名曲や名演を日常には味わえない。そういう国に私たちは青年時代をすごした。モーツァルトの『魔笛』の全曲ＳＰが戦前、どれぐらいの嵩と重さだったかを老人の思い出に聞いた人はいると思う。ヘンデルの『救世主』を、野村あらえびす氏が令息の臨終に聴かせたいために、どれほど腐心されたかを私は聞かされたことがあった。ベートーヴェンのものに限らないが、とりわけベートーヴェンの作品に、こうした渇望のつよかったこと、そういう渇望を他のどんな音楽家よりも彼は抱かせる芸術家だったことが、一そう、この国に頭脳ばかりで聴くマニアを育てたと言えるだろう。貧しいのは個人ではなくて、音楽に接する機会が乏しいという意味で、日本全体がそうだった。

五味康祐「日本のベートーヴェン」(『西方の音』所収)

日本では、レコードでしか名曲や名演を日常には味わえない、という五味康祐の言葉は、日本人とクラシック音楽の関係の本質を鋭く言い当てている。それは、日本に輸入されて百年以上を経たいまもなお、いまだにクラシック音楽が一部のファンのものでしかないという現実によくあらわれている。

クラシック音楽ファンの高齢化が叫ばれて久しいが、それは、五味の文章のなかにあるような「貧しさ」のなかで、クラシック音楽を「渇望」し「感激」した世代が失われつつあるということにほかならない。いまや「貧しくもない」日本の若い世代は、クラシック音楽を聴くことはあっても、「渇望」までしてはいないのかもしれない。

この後、日本で「楽聖」ベートーヴェンのイメージが確立した背景にも、ラジオや蓄音機などのメディアが果たした影響ははかりしれない。

この章では、蓄音機とラジオという大正期に登場したメディアを通して、日本人とクラシック音楽とのかかわりを辿ってみたい。

「蓄音機」は「蘇言機」だった?

アメリカでエミール・ベルリナーが平円盤に音溝を切削する方法を発明し、グラモフォンと命名して特許申請した年（一八八七年）が、日本ではじめてベートーヴェンの交響曲が演奏された年（明治二十年）でもあったことは、第二章でふれたとおりだ。

一八七七年（明治十）にエジソンの蠟管蓄音機の発明にはじまった蓄音機の歴史だが、蓄音機がはじめて日本にやってきたときは、「トーキングマシーン」という英語からもわかるように、蓄音機ではなく「蘇音機」や「蘇言機」などと呼ばれた。

明治十二年（一八七九）三月、エジソンの原理を基にしたフォノグラフが日本にやってきて、東京・木挽町の東京商法会議所で実験が行われたときには、フォノグラフという聞き慣れない名前の機械を、読売新聞は「言葉をしまっておく機械」、東京日日新聞は「人の語言を蓄へて、千万里の外、又た十百年の後にても、発することを得る機械」と説明した。

つまり、最初期の蓄音機は音楽を聴くというよりも、音声を記録して再生できる機械として紹介されたのだった。蓄音機について書かれた最初の単行本（明治十三年刊行）のタイトルは、『近世二大発明伝話機蘇言機』というものだった。「蘇る」のは音楽ではなく、「声」であり「ことば」だったのだ。

商品としての蓄音機が日本にやってきたのは、明治二十二年（一八八九）のこと。エジソンの代理店である横浜のフレーザー商会が、フォノグラフの輸入を開始した。「蓄音機」という言葉も、この年の『時事新報』ではじめて用いられた。

ところで、この蓄音機が音楽メディアのためのものであり、家庭用の娯楽機械であると予見したのは、平円盤レコードを発明したベルリナーだった。彼は平円盤レコードを発明した当初から録音機能を無視しており、「蓄音機は家庭用娯楽のメディアであり、音楽レコードを大量に複製し供給することが蓄音機事業の王道」と喝破していた。最終的にエジソンの円筒式にベルリナーの平円盤式が勝利を収めるのも、彼が音楽メディアとしてのレコードの将来性をより明確に描き、ヨーロッパの楽壇と関係を深めることに成功したためだったといってもいい。

ベルリナーが平円盤レコード蓄音機（グラモフォン）をベルリンで公開実演したのは、日本にエジソンのフォノグラフが輸入された同年のことだった。このとき、ドイツ皇帝はあまり関心を示さなかったが、音響学の大家ヘルムホルツは、大いなる関心を示し、彼はすでにエジソンの蓄音機にも感銘を受けていたが、即座にベルリナーの発明の方が決定的だと確信したという。この実演について、あるニューヨークの新聞記事は、「フォノグラフ対グラモフォン　グラモフォンの勝利！」と大見出しで報じたという。

レコードの誕生

明治三十三年（一九〇〇）のレコードの本場であるグラモフォン社のカタログには、すでに五千枚ものレコードがレパートリーとして宣伝されていたというが、日本にグラモフォンの技術者が来日して落語や邦楽が録音されるようになるのは、明治三十六年（一九〇三）以降のことだ。当時、平円盤形のレコードを製造できたのは、まだ欧米の工場だけだったので、日本で録音された亜鉛盤は、本国でレコードにして再び輸入するしかなかった。

「レコード」ということばが誕生したのは、明治四十一年（一九〇八）のこと。名付け親は、銀座の天賞堂である。ただ、レコードという言葉は生まれたものの、当時の日本のレコードといえば、大阪文楽座の義太夫が目玉商品になるような時代である。まだレコード鑑賞という意味での音楽鑑賞のイメージからはほど遠いものがあった。

明治四十三年（一九一〇）に日本蓄音機商会が設立され、国産蓄音機と国産レコードが発売されるようになる。最初のベストセラーは、吉田奈良丸の浪花節だった。明治四十三年から四十五年までの三年間に二十三種六十四面の吹き込みがされたこのレコードは、あまりにも注文が殺到して、川崎の工場で昼夜二交代制のシフトを敷いて製作に追われるほどだったという。

そして年号が変わり、大正元年（一九一二）のころには、同社のレコード生産は月産十五万枚、蓄音機の生産は月産五千台を数えるようになる。ようやくこのころから、レコードは民衆にとって少しずつ身近な存在となっていくが、その場にいなければ体験できなかった芸能や音楽を自宅で味わえると話題になり、普及していく一方で、「芸術はレコードには吹き込めない」という信念でレコード録音を頑なに拒む芸術家もいた。

大正時代に義太夫の名人芸をレコードに残そうとしたある録音技師は、当時の金で五、六千円という大金を持参して頼みに行ったが、越路太夫という名人はどうしても首を縦に振らない。「あなたの芸術は国宝もので、亡くなってしまえば永久に失われてしまう。何とかして残したい」という説得に「いや、結構。芸術というものは一代で滅びるものでいい。私の芸術はこのような機械で残すことはできない。芸術は一代限り。次の人は次の人でまた立派にやればいい」と答えたと伝えられている。

レコードとクラシック音楽

そのような時代のなかで、日本のレコード史におけるクラシック音楽は、どのように位置付けられていたのだろうか。

明治四十四年（一九一一）に発行された「美音の栞り」というお洒落なレコード・カタログがある。しかし、そこに掲載されているのは、薩摩琵琶、詩吟、長唄、清元、義太夫、落語、浪花節、追分など、ほとんどが邦楽ばかりである。洋楽として掲載されているのは、軍歌、軍楽、そして唱歌のみ。そこには、ベートーヴェンもモーツァルトもバッハも、クラシック音楽でおなじみの作曲家たちの名前は、まだひとつもない。

当時のヨーロッパ音楽と西欧楽壇に対する世間の眼は、おおむね「一般民衆不在」というものだった。明治四十四年五月の東京朝日新聞の記事を読むと、それがよくわかる。「西洋音楽は今の所では、深い趣味を有しない貴族、或いはハイカラ者流の遊び事であつて、実際に生きた文化の社会との交渉のない、隔離された別天地を形成してゐる観がある」。現代のクラシック音楽界への警鐘としても、そのまま通用しそうな表現だ。

「明治時代の民衆が日常接する音楽は、おもに三味線と月琴の音であった。芝居や寄席はもちろんのこと門付けに至るまですべて三味線。また市中を流す法界節は月琴を携える。これが明治日本の音楽状況であるから、ピアノやバイオリンによる音楽が普及するはずがない」と書くのは、『日本レコード文化史』の倉田喜弘である。

倉田によれば、この状況に変化が起きたのは、日露戦争後のことだったという。すでに紹介した日比谷公園野外音楽堂の軍楽隊の無料演奏会、市中音楽隊、楽界における調和楽（和洋折衷音楽）の運動などが東京で注目されるようになると、洋楽レコードに対する要望が少しずつ芽生えてくる。とはいえ、当時の洋楽レコードは、ピアノとヴァイオリンによる端唄『御所車』の録音だったり、軍楽隊が長唄『汐汲』を吹き込んだりという和洋折衷音楽だったが、それでも民衆はこの新しいサウンドに目を見張ったという。そして、そのなかから少しずつクラシック音楽に対する聴衆の耳が開かれていくことになる。

蓄音機が奏でるベートーヴェン

銀座三丁目の十字屋は、当時の輸入洋楽レコードのメッカだった。当時の十字屋を知る音楽評論家の野村光一の述懐によれば「震災前の十字屋は、明治式洋風建築の遺風を最後までとどめていた数少ない建造物」だったという。

明治四十四年（一九一一）の広告には「ビクター音譜・西洋曲」の文字もみえるが「そろそろハイカラ連中を相手とした外国盤が商売になり出した」と、前出の倉田喜弘は書いている。ただし、ベートーヴェンなどの西欧音楽をレコードで聴くことができるようになるのは、ようやく大正期になってからのことである。

大正三年（一九一四）の都新聞の「蓄音機」という記事に「音譜は、西洋ものでは、ベートーベンとかハイドンとかいふ所謂古典派者が大流行である」とあるが、日本でクラシック音楽がまがりなりにも市民権を得るようになったのは、大正中頃から後期にかけてと考えられる。ベートーヴェンのレコードが話題にのぼりはじめるのも、このころからのことだ。

明治生まれの文芸評論家、中島健蔵は、はじめて十字屋にベートーヴェンの交響曲のレコードを買いに行ったときのことを、こう回想する。

十字屋でいざカタログを見せてもらって、まず中島は落胆する。「ベートーヴェンの交響曲など、第五があるばかりで、それ以外の全曲などは、どんなに探しても見あたらなかった」「がっかりしながら、あきらめて第五の全曲と（ほかにカタログで見つけた）第六の断片を買いたいというと、今はないという。カタログに出ているレコードがそろっていると思っていたわたくしは、またしても肩すかしをくった」。レコード店に行けば、ベートーヴェンのレコードを買えると思い込んでいた中島は、まだ物資が不足して、レコードが貴重だった第一次世界大戦直後の当時を、こう振り返っている。

「レコードと楽譜は宝物だった」中島にとって「奇跡を生んだベートーヴェンのレコード」があったという。当時、高価だったレコードを友人との共有財産としていた中島は、その友人からすぐに来てくれという電報を受け取る。ロンドンの知人に頼んでいたニキシュ指揮、ベルリン・フィルハーモニー管弦楽団のベートーヴェン第五交響曲のレコードが届いたが、高熱が出て起きられないから、すぐに来て荷物を解いて聴かせてくれという内容だった。

飛ぶように駆けつけた中島は病床の友人のまえで「わくわくしてさっそくかけてみたが、はじめの音で、キューとからだがしまって、ドキドキしてきた。録音は問題ではない。きたえあげた想像力で、ニキシュの指揮をうけとめたのである。夢中で全曲を聴き終わった時、友だちがむっくりとからだを起こして『熱が下がっちゃったような気がする』とつぶやいた。ひたいにさわってみると、（略）たしかに平熱にさがっている。夢中になってニキシュを聞いているうちに、高熱が消えてしまったのであった」という思い出話だ。

音楽が熱を下げたとか、そのようなことは問題ではない。レコード黎明期の音楽愛好家は、そこまでの熱さでレコードに向きあい、レコードから聴こえてくる音楽に耳を傾けていたのだ。

このような熱烈な音楽愛好家を育てたレコードと蓄音機を「大正文化の切り札」としたのは、音楽美学者の渡辺裕である。蓄音機は、日本人のそれまでの生活に欠けていた「文化生活」をもたらすアイテムとして機能したが、その生活を文化的にするというあり方が、欧米の場合と大きく異なっていると、渡辺は、著書『音楽機械劇場』のなかで指摘する。

すなわち、欧米では市民社会の成立とともに文化的な「教養ある家庭」が求められ、それが娘にピアノを習わせる「家庭音楽の実践」につながる。そののち一世紀を経て、もっと簡便にピアノの代わりをしてくれる蓄音機やラジオの出現とともに家庭音楽が「消費型」に変わる。それに対して日本では、生産的な「家庭音楽の実践」という段階が存在しないまま「文化生活＝蓄音機の購入」という形での生活改善が図られた。「そのことが後の日本の音楽文化のあり方に大きな影響を及ぼした」というのだ。

レコードで音楽を鑑賞するための蓄音機というよりも、機械としての蓄音機そのものをこよなく愛する「文化人」も現れる。明治七年（一八七四）生まれの小説家、上司《かみつかさ》小剣《しょうけん》は、自分の愛する蓄音機をこう語る。

私は全く蓄音機の奴である。レコードはどうでもいい。誰かが私の蓄音機に向つて石を投ずるものがあつたら、私は昔新田義貞の家来が身を以つて義貞に注ぎかゝる敵の矢を防いだやうに、自分の身体で蓄音機を掩《おお》ふであらう。（略）レコードなんぞ、すツかり毀してしまつてもいゝ、蓄音機さへ無事であるならば。（略）レコードをかける時でも、たゞ機械を廻転させる時でも、（私はこのごろ機械を空廻りさせて独りで楽しんでゐる時の方が多い）必ず先づ微温湯で手を洗ひ、石鹼を使つて、汗や塩気が附かぬやうにする。斎戒沐浴も大袈裟だが、手ばかりではなく、埃りの附いてゐるやうな着物は、必ず新しいのに着替へて、蓄音機に向ふ。蓄音機の動いてゐる間は、決して飲食しない。菓子を一つ摘まんでも、砂糖気が機械のどこかに附くのを虞れるのである。

上司小剣「愛器を語る」（『蓄音機読本』所収）

いやはや恐るべき徹底ぶりだが、マニアのこだわりとは、いまも昔もかわらないものかもしれない。ただ、さきほどの渡辺の指摘にあるように、「日本人のそれまでの生活に欠けていた文化生活をもたらすアイテム」としての蓄音機やレコードは、貧しく、まだモノに飢えていた日本人にとって、それほどの憧憬をかきたてるものであったことがよくわかる。

ベートーヴェンを目標とした宮沢賢治

『銀河鉄道の夜』や『風の又三郎』で知られる宮沢賢治もこよなくレコードを愛し、しかもとりわけベートーヴェンの『運命』を愛した。それは彼の創作や、その後の人生にも大きな影響を与えたことが知られているが、宮沢のベートーヴェン体験は、ほぼすべてがレコードによるもので、大正時代という時代のせいもあるが、実際のコンサートに足を運んだという記録は残っていない。その意味では、五味康祐がいった「レコードでしか名曲や名演を日常には味わえない」日本人の典型ともいえるだろう。

明治二十九年（一八九六）生まれの宮沢が、ベートーヴェンの交響曲第五番『運命』と出会ったのは、大正十年頃のことだ。弟の清六が残した「兄とレコード」という文章に、こう書かれている。

そのうち兄は信仰上の煩悶から父と意見があわず東京に出て散々苦労をした上、一年足らずのうちに童話を巨きなトランク一杯につめこんで帰ったが、レコード熱の方は音楽専門の藤原嘉藤治氏を知るに及んで益々高まるばかりであった。

やがてしっかりした解説書といっしょに英国盤の「月光」や「運命」の組物が入っ

て来たときの兄の歓びは大したもので、「この大空からいちめんに降りそそぐ億千の光の征矢はどうだ。」「繰り返し繰り返し我らを訪れる運命の表現の素晴らしさ。おれも是非共こういうものを書かねばならない。」と言いながら書き出したのが『春と修羅』である。つまり此のころ兄の書いた長い詩などは、作曲家が音譜でやるように言葉によってそれをやり、奥にひそむものを交響曲的に現わしたいと思ったのであろう。そのためにいつも兄は手帳を持っていて、野山でも汽車の中でも暗がりでも病床でも、死ぬまで自分の考えを忘れないうちにスケッチした。

宮沢清六「兄とレコード」（『兄のトランク』所収）

「ぼくの詩の最後の目標は、やっぱりベートーヴェンだ」と友人に語ったことばもあるが、いつも手帳を手にしていたというあたりも、まるでベートーヴェンのようだ。

『春と修羅』は、宮沢賢治が詩人・作家としての絶頂期を迎える創作活動のひとつの転機となった詩集である。生前手にした原稿料が『愛国婦人』に掲載された「雪渡り」の五円だけだったという、ほぼ無名のまま生涯を閉じた宮沢の名が、じつは東京でこの詩集が自費出版されたとき、ひそかに文学者たちのあいだで評価され、注目されていたことも指摘されている。
この詩集の出版から約二年後の大正十五年（一九二六）、四年間勤めた花巻農学校を退職した宮沢は、文化活動と農事指導を主体にした農村活動に本格的に身を投じる。これは、衆生の救済を願い、「ひとのため」に尽くしたいという宮沢が盛岡高等農林学校（現岩手大学農学部）で学んだ頃から抱いていた願望の具体化だったが、『宮沢賢治とベートーヴェン』の著者多田幸正によれば、その行動に彼を駆り立てたのが『運命』だったというのだ。

第五番との出合いから現実に農村活動を開始するまでには、四年余の年月が経過している。（略）教師時代の特に後半の時期、第五番に強いこだわりを示していたことは、たとえば大正十四年五月、花巻農学校に入学したばかりの沢里武治を自宅に呼んで第五番のレコードを聴かせたり、大正十五年三月、講師を務めた国民高等学校での講義『農民（地人）芸術概要』「農民芸術の分野」のなかで〈運命シンフォニー（第五番）〉を取り上げたり、同じく三月、〈ベートーヴェン百年記念レコード・コンサート〉を開催し、交響曲第五番を含むベートーヴェン作品をレコード演奏した事実からも察せられる。

多田幸正『宮沢賢治とベートーヴェン』

ただ、いかにも私利私欲にとらわれない宮沢らしいのは、どれほど大切に聴いたレコードであっても、ある程度聴くと惜しみなく人にあげてしまっていたことだ。このあたりは、手元に置いて大事に保管する一般的なレコード蒐集家とは、かなり異なる。

宮沢の親友でもあった藤原嘉藤治はこう語る。「とにかく彼はね、物質の世界、有限なるものの世界から逃れようとした人なんだよ。終生、形あるものを摑んだり重さあるものを持ったりすることを非常に嫌ってた。つまり物を所有することをとても恥だと思ったんだ。物は皆のもの。だから彼は無限というものを求めたのさ。有限のものを求めたら、そりゃ喧嘩だよ。地球は有限でしょうや。そんなことをするから戦争も起こるし、それが平和の妨げになっている」。

レコード趣味のなかにも、宮沢賢治の思想と哲学は活きている。

ラジオの本放送初日に演奏された『運命』

レコードとともに日本の音楽文化を変えた音楽メディアが、ラジオである。

大正十三年（一九二四）に日本で最初のラジオ放送局である東京放送局（日本放送協会の前身）が設立された。東京港区愛宕山にある同局の跡地は、現在、放送博物館となって一般に公開されている。

その東京放送局が、日本初のラジオの試験放送を開始したのは、大正十四年（一九二五）三月一日のことだ。まだ愛宕山の建物は未完成で、芝浦の東京高等工芸学校の仮施設からのスタートだった。

ところが、その試験放送をはじめたばかりの三月五日、東京深川の洲崎で大火事が起こる。当時の番組編成担当者は、急遽ニュースとして放送すると決めたが、これがラジオ放送での臨時ニュースの第一号となった。

当時の洲崎には遊郭があったため、ニュース原稿は「数千の遊女が赤い蹴出しをひるがえして逃げ惑うさま凄惨をきわめました」というものだったが、新聞のような活字ではなく、アナウンサーの肉声で「蹴出しをひるがえし」と伝えられたことが、聴取者に強い衝撃を与えたという。「声を届けるメディア」としてのラジオが、その力を聴取者に知らしめた瞬間であった。

そして、いよいよ本放送がはじまったのが、その約半年後の七月十二日のことだ。放送初日の番組表によれば、まず午前九時から、天気予報、奏楽「君が代」が演奏され、次に、総裁後藤新平子爵の挨拶、吹奏楽、謡曲「羽衣」、坪内逍遥作のラジオ劇「桐一葉」と続き、管弦楽プログラムとして、近衛秀麿率いる近衛オーケストラによる『ベートーヴェン交響曲第五番』（指揮、近衛秀麿）の演奏が放送されている。

同日夜七時半からの番組も、長唄、尺八などが演奏された最後は、山田耕筰指揮の日本交響楽協会の演奏で、放送初日の番組が締めくくられた。

このふたつの管弦楽演奏を中心とした番組編成には、聴取者獲得を目論む目的もあった。同局は、番組確保のために日本交響楽協会への援助を快諾し、ここに本格的な日本のプロ・オーケストラが誕生することになるが、これは第七章のテーマである。

大正ニッポンを魅了した「月光の曲」

さて、その本放送開始にあわせて、中央新聞社が当時約三万三千人のラジオ放送加入者に向けて、あるアンケートを行った。「懸賞募集　ラヂオ放送に就て貴下の御希望は？　あなたが是非ラヂオで聴きたいとお望みになるものは何ですか？」というものだ。いわば、リクエスト曲の募集である。

結果は、長唄（第三位）、薩摩琵琶（第四位）など日本の音楽を抑えて堂々の第一位に選ばれたのが、「ベートーヴェン作ピアノ独奏曲『月光』」（ピアノ・ソナタ第十四番『月光』）だった。西欧音楽の管弦楽曲（第二位）とあわせて、クラシック音楽が一位と二位を独占したのだ。

このアンケートは、ラジオの加入者という限定された層に向けて行われたものであり、この結果をそのまま当時の日本人の音楽嗜好とは決められないが、ほかのリクエストは、いわば音楽ジャンルであるのに対し、第一位だけが「ベートーヴェン」という作曲家を指名し、曲目まで特定されているのは驚きである。

なぜこの曲が、ここまで人気を博したのだろうか？

その背景にあるのは、大正ロマンと呼ばれた時代のモダンな西欧への憧れである。

ラジオの本放送がはじまった大正十四年といえば、東京では資生堂が黒いボトルに入った香水「銀座」を発売し、「西にコティの香水〈パリ〉があるように、東に資生堂の〈銀座〉があり」という広告コピーが話題を呼んだ頃である。関西では白木屋大阪支店がパリからネオンを輸入して正面に設置され「SHIROKIYA」の赤いローマ字が人目を惹いた。女性の水着の主流は袖付きからノースリーブへと変わり、街を歩く婦人の服装も、夏は洋服、冬は着物というスタイルが目立つようになる。

食文化では、三大洋食といわれたライスカレー、コロッケ、トンカツが人気を博し、蕎麦屋のメニューにもカレー、カツ丼が登場し、国産初のマヨネーズが発売されたものの、モダンすぎて整髪剤のポマードと間違えられたような時代である。

「月光ソナタ」の流行も、楽曲そのものよりも、月夜というロマンティックな情景のなかで盲目の少女と出会う作曲家の心温まる物語としての「月光の曲」がもてはやされたという背景がある。つまり、現代のヒット・チャートのように楽曲メインではなく、音楽にまつわるエピソードに人々は魅せられたということだ。

では、この「月光の曲」にかんするさまざまなエピソードのなかから、典型的なものをご紹介しよう。大正期の音楽評論家、牛山充による記述である。

ある夜、ベートーヴェンが郊外を散歩していると、偶然別荘風の立派な屋敷の前を通りかかる。社交界の華やかな集まりとみえて、明るく照らされたサロンの窓から晴れやかな談笑がきこえてくる。ふと誰かが明るい月の光のなかに佇むベートーヴェンの姿を見つけた。部屋に招き入れて、月の光のおかげであなたを見つけたのですから、どうぞ何か即興で演奏してくださいと頼む。そのなかに愛くるしい弟子のジュリエッタがいたこともあり、彼はピアノに向かって美しい曲を演奏しはじめる、というものだ。

牛山自身、これは「月光の曲」の由来にかんするもので、真偽は保証の限りではないと断ってはいるが、当時、「月光の曲」にまつわるエピソードのなかには、盲目の少女が登場するバージョンなど、じつにさまざまなバリエーションがあった。

そして、ここから偉大な音楽家ベートーヴェンと若く美しい弟子ジュリエッタの淡い恋物語、それに月夜の幻想的な情景と「難聴という過酷な運命と闘った不屈の大作曲家ベートーヴェン」というロマンティックなイメージが形作られていくことになる。

「月光の曲」のブームは、その後、大正後期から昭和初期にかけての日本の情景のひとつともなった。その思い出が綴られた文章がある。昭和四年（一九二九）生まれのNHK元アナウンサー川上裕之による文章だが、この曲が流行した時代の雰囲気が伝わってくる。

五年の国語に「月光の曲」と云う話が載っていた。どなたも御存知の筈である。その曲を、この蓄音機で聞く機会が出来た。十二吋のSP盤、たしか五、六枚もあったように思う。先生がキュッキュッと盤面に強くブラシをかける。溝の光沢が、浪花節や歌とは違うように見える。（箱の横腹から出ている）ハンドルでネヂを巻く。初め軽く廻っていたのが次第に重くなりギッと云って止る。クロムメッキでピカピカ光る大きなピックアップに針をつける。「コトン」と云って盤面が回り始める。教室内はシーンと静まり返っている。「シャーッ」と云う懐しい音、そして「月光の曲」が始まる。このレコードは、浅草の有名なプロマイド屋マルベル堂の斜向いの洋菓子屋の娘が持ってきたものだった。そしてこれが、私の小学校時代に、この蓄音機で音楽を聞く唯一度の機会であり、ベートーヴェンとの出会いであった。

川上裕之「「月光の曲」「五番」そして「五番」」（帰徳書房編『私のベートーヴェン』所収）

川上によれば、彼が育った昭和初期の東京の下町には、数件の蓄音機を持つ家があったが、「そこから流れ出る音は、当時人気絶頂の浪曲の広沢虎造の三十石船であったり、古賀政男の流行歌であったりで、決してベートーヴェンではなかった」という。

たとえ「月光の曲」が流行したとはいえ、それはあくまで物語の世界の話であって、実際にその音楽に接することが出来たのは、やはり特定の階層に限られ、大衆の間で人気を博していたのは、昭和の初期になっても、やはり浪曲であり流行歌であった。

けれども、爆発的なラジオの普及は、それまで多くの日本人にとって未知の音楽でしかなかったクラシック音楽との距離を一気に縮めることにもつながった。大正十四年末には二十万人に満たなかったラジオの聴取者は、昭和十年（一九三五）五月には二百万人を突破し、そのわずか八年後の昭和十八年（一九四三）には七百万人を突破するという破竹の勢いをみせた。

そのなかで、ニュースなどの「声を届けるメディア」は、未知の西欧音楽を身近にする「音楽を届けるメディア」としての役割も担っていたのだ。

ラジオの本放送に向けてのアンケートで、ベートーヴェン「月光の曲」が第一位に選ばれたのも、ベートーヴェンという作曲家そのものへの関心だけでなく、「月光」という西欧の湖畔を思わせるロマンティックな情景への憧れとともに、ラジオという新たな時代を切り拓くメディアへの期待も込められていたに違いない。

第六章　文章に書かれたベートーヴェン

脳ミソで聴くベートーヴェン

月光の幻想的な情景と淡い恋物語というロマンティックなベートーヴェン像とともに、「楽聖ベートーヴェン」を決定的にしたのは、「苦悩から歓喜へ」に象徴される「不屈の精神で過酷な運命と闘った大作曲家」というイメージだった。それが形成されるきっかけとなったのが、まさにレコードやラジオが出現した大正期だった。

そのベートーヴェン像は、そののち昭和の時代になっても「髪をかきむしり」「耳ではなく頭で聴く」ような音楽愛好家たちによって引き継がれていく。それは、日本人が創りあげた「楽聖ベートーヴェン」をとりまくひとつの情景でもあった。その典型的なイメージを、第五章にも登場した作家、五味康祐は、こう語る。

ぼくたちの青年時代、いわゆる〝名曲喫茶〟には、いつも腕を組み、あるいは頭髪を掻きむしり、晦渋な表情でまるで思想上の大問題に直面でもしたように、瞑目して、ひたすらレコードに聴き耽る学生がいた。きまってそんなとき鳴っているのはベートーヴェンだった。（略）そんな青年が、戦前の日本のレコード喫茶には、どこにでも見られた。たしかに彼は耳ではなくて頭脳でベートーヴェンをきいている。大方は苦学生だったと思う。

五味康祐「日本のベートーヴェン」（『西方の音』所収）

このようなベートーヴェンのイメージは、どのようにして形成されたのだろうか？音楽学者、西原稔による『「楽聖」ベートーヴェンの誕生』は、日本におけるベートーヴェン受容史の必読文献でもある優れた研究だが、この書のなかで西原は、大正期におけるベートーヴェンの受容を次のように述べている。

ベートーヴェンの音楽と彼の人生がひとつの哲学として称揚され、多くの共感を得たのは、大正デモクラシーと呼ばれる思潮においてであった。その思潮は戦前の社会主義運動や国家主義の抑圧、戦争を経て、戦後に至るまで継承され続け、わが国のベートーヴェン理解の根底を形成している。

西原稔『「楽聖」ベートーヴェンの誕生～近代国家がもとめた音楽』

そこには、大正期から続々と刊行されるベートーヴェンの伝記や論文、翻訳された小説や数々の逸話などを通じて読み解かれ、明治期の社会風潮であった修養主義（身を修め心を養うこと。実利主義的、立身出世的な意味合いが強い）から、大正期のより内面的、精神的な人格形成を目指した教養主義とあいまって、理想主義的なベートーヴェン像が創り上げられていくという過程がある。

この「理想主義的なベートーヴェン像」こそ、大正期から昭和期を経て、彼が「楽聖」という称号を獲得するための大きな要因でもあるが、そこには、もうひとつ大正期ならではの重要な社会的要因がある。はかりしれない衝撃をもたらした関東大震災の悲劇である。瓦礫となった街と、絶望のなかから人々が立ち上がるために、音楽は人々の大きな勇気となり、希望となり、慰めとなった。そしてベートーヴェンの音楽から崇高、真理、絶対性など、神聖な「何か」を聴き取ろうとしたのだった。

この章では、「理想主義的なベートーヴェン像」が形成されていく過程を知るために、大正期の「文章に書かれたベートーヴェン」を辿ってみたい。

大正デモクラシーと教養

ここで、大正期のベートーヴェン像をひもとくポイントをおさえておきたい。「大正デモクラシー」と「教養」である。

「大正デモクラシー」は、大正期の社会、政治、文化などあらゆる面で起きた民本主義、自由主義的な運動を総称することばである。大正期には、それまでの社会構造の打開をめぐって、さまざまな「主張する民衆」が登場してくるが、大日本帝国憲法のもとでの日本は、あくまで主権は民衆ではなく天皇にあった。これが、「民本主義」である。「民本主義」は、若い世代の読者には聞き慣れないことばかもしれないが、民主主義と民本主義の違いは、統治の主権が国民にあるか、天皇にあるかの違いだ。ただ、これだけの違いとはいえ、この主権の違いが「自由」の持つ意味を変え、これこそが日本を帝国主義的な侵略や戦争に突き進ませた大きな要因ともなる重要なポイントでもある。

「教養」は、とかく教育的または趣味的に思われがちな現代的な感覚での教養ではなく、生きるための教養、つまり「人格を完成させるための教養」のことだ。「教養」ということばを、明治時代までの「修養」から自立させて用いた最初のひとりである哲学者の和辻哲郎は、このように書いている。

「教養」とはさまざまの精神的の芽を培養することです。（略）これはやがて人格の教養になります。そうして、その人が「真にあるはずの所へ」その人を連れて行きます。その人の生活のテエマをハッキリと現われさせ、その生活全体を一つの交響楽に仕上げて行きます。すべての開展や向上が、それから可能になって来るのです。

和辻哲郎「すべての芽を培え」（『中央公論』大正六年四月号）

大正期には、明治時代の国家官僚を目指す立身出世が困難な情勢となり、社会全体に閉塞感が漂うような空気が流れていた。そのような立身出世の壁に息苦しさを感じて、それよりも、よりよく生きるための教養を求める若者たちが増えてくる。大学を卒業できたエリートたちは、その理想の高さゆえに低い職に妥協できずに、就職もせずにふらつく「高等遊民」と呼ばれる人々が出現するようになる。これが、この章のはじめにもふれた明治期の立身出世型の修養主義から、大正期の精神的な人格形成を目指した教養主義への流れである。

彼らにとって教養とは「いかに生きるか」に通じる切実なものだった。人間主義が叫ばれたこの時代にあって、生きることの意味や知の意味そのものが哲学の最高の問いであると考えた教養人たちは、ベートーヴェンの炎のような生涯に自らの人生哲学の模範を求めた。その教養人たちを支えたのが、数々の「ベートーヴェン伝」だった。

日本最初の「ベートーヴェン伝」

まずは、日本で最初に刊行されたベートーヴェン伝である。大正四年（一九一五）のロマン・ロオラン著『ベエトオフェンとミレエ』は、日本語に翻訳されたヨーロッパの作家による芸術家の評伝として、当時の日本の文学者や芸術を志す若者にはかりしれない影響を与えた。

一八六六年（慶応二）に生まれたフランスの作家ロマン・ローランは、二十世紀初頭の戦乱の時代に、平和主義、人道主義を掲げて反戦を訴え続けたヒューマニスト作家である。一九一五年度のノーベル文学賞を受賞した。

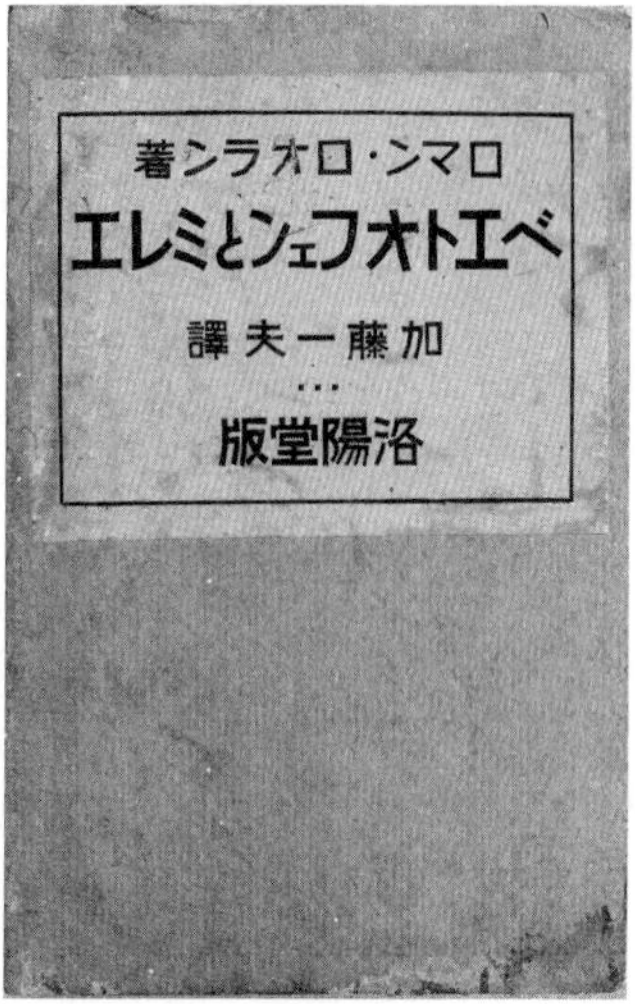

日本で出版された初のベートーヴェン伝、
ロマン・ロオラン著
『ベエトオフェンとミレエ』

その理想主義的思想は、彼の代表作『ジャン・クリストフ』のなかに、ひとりの英雄の生涯という一大叙事詩となってあふれている。この主人公のモデルがベートーヴェンであることは明らかだが、作者自身は、主人公のなかにベートーヴェンの肖像を認めることは、差し控えて欲しいと書いている。「クリストフはベートーヴェンではない。彼は一個の新しいベートーヴェンであり、ベートーヴェン型の英雄ではあるが、しかし自律的なものであり、異なった世界に、われわれ現代の世界に投げ出されたものである」

と、彼はこの小説の「緒言」に書いている。

ロマン・ローランにとって、ベートーヴェンは少年時代以降、「最大の魂の師」であった。「生の虚無感を通過した危機に、私の内部に無限の生の火を点してくれたのはベートーヴェンの音楽であった」と彼自身『幼き日の思い出』に書いているとおり、ロマン・ローランの生涯は、まさにベートーヴェンとともにあった生涯でもあった。

そして、大正期から昭和期にいたる日本のベートーヴェン像は、ロマン・ローランの『ベートーヴェンの生涯』なしには形作られなかったといってもいいほど、その影響は甚大だった。

訳者の加藤一夫は、翻訳の動機をこう書いている。

私がこの書を飜譯したのは他意あるのではない。これ等の二大人格を現代に送らんことを欲したまでのことである。私はこれをわが惱める既知未知の友に献げたい。ことに、眞實にして強い、而も惱んで居るわが友に献げたい。まことにロマン・ロオランの云つた様に、『人生は薔薇の花を撒き散らされた通路ではない』人生は戰場である。而して友よ、吾々の戰はねばならぬ戰には限りがない。生命のため、自己のため、また後人のために、吾々は勝たねばならぬ。そして今私の送らんとするこの二大偉人は、ただに藝術の靈動者（インスパイヤア）たるに止まらずして、普く人としての諸君が戰はねばならぬもの丶味方たるべきを私は信ずる。

ロマン・ロオラン『ベエトオフェンとミレエ』

訳者によるたんなる「はしがき」という感覚で読むと、面食らってしまうような激しい口調だが、この本が大正期の若者たちに支持されたことからみても、彼らは人生を戦うための味方として、ベートーヴェンなどの偉人を必要としていたのだ。

大田黒元雄の画期的評伝

同じ大正四年には、ひとりの日本人青年の筆による西欧音楽の作曲家の評伝が刊行された。大田黒元雄の『バッハよりシェーンベルヒ』である。これは、古典派から現代までの作曲家六十人を簡潔に論じた評伝だが、まだひとりの作曲家の伝記すら書かれていなかった当時では、まさに画期的な著作だった。

資産家の父大田黒重五郎のひとり息子だった大田黒元雄は、明治四十五年（一九一二）

二月、単身イギリスに渡る。まだ十九歳になったばかりの彼は、西欧音楽の巨大マーケットでもあったロンドンで演奏会三昧の日々を送った。

大田黒は、音楽評論家の草分け的存在というひとつの肩書きだけで判断すると、その資質を見誤ってしまうほど、西欧趣味で身につけた教養を惜しげもなく披露した啓蒙家でもあった。彼の著作は音楽関係に留まらず『はいから紳士譚』『英米探偵小説案内』『ネクタイ談義』など多岐にわたる。生涯に書いた著作の総数は七十六冊（再出版を除く）、翻訳書も三十二冊にのぼる。音楽評論家の吉田秀和は「大正リベラリズムが生んだひとつの典型。いまでもあの人が私の唯一の先輩」と語っている。

この『バッハよりシェーンベルヒ』のなかで、大田黒はベートーヴェンについて「洋楽に趣味を有する人で、ベートーヴェンの名を知らぬ者は恐らく無いであろう」「勿論彼は異常な天才であつたのには相違ないけれども、彼の成功は一面其の強烈な意志の力の働きに依つて得られたものである」と書いている。

大正期におけるベートーヴェンの典型的なイメージは、すでにこの短い文章のなかにもみられるが、難聴という音楽家として致命的な病と闘いながらも、その強固な意志の力で自らの運命を克服した「不屈の大作曲家ベートーヴェン」という「定番」のキャッチフレーズは、たとえば大正九年（一九二〇）の雑誌『音楽界』に詩人で翻訳家の小林愛雄が書いた、次のような文章にもみることができる。

「ベートーヴェンはその（耳が聞こえない）『運命』に屈しなかった。彼は『運命』と戦い、『運命』を克服した。（略）彼は逆境の恩寵に生きた強者である」

日本人がはじめて書いたベートーヴェン伝

大正八年（一九一九）十二月に刊行された久保正夫の『ベートーフェンの一生』。これが、日本人の著者によるはじめてのベートーヴェンの伝記である。

久保正夫は、音楽評論家でも音楽学者でもない。彼は、宗教学を専門とするドイツ文学者である。他の著訳書には、『聖フランシスの小さき花』『聖フランシス』などの宗教者や『フィヒテの哲学』『ゲーテ親和力』などがある。

もっとも、当時の日本には、まだ音楽ジャーナリズムは確立していなかった。明治期のワーグナーブームが文学者たちのあいだで巻き起こったように、大正期についても、音楽の記述は、まだ文学者たちの領域だったわけである。

ドイツ哲学に影響を受けた文学者らしく、久保の『ベートーフェンの一生』の冒頭も、フィヒテの人生論の一文にはじまる。

生きることは一つの歓ばしき祝福であらねばならない。充ち満ちた志操をもつて、緊張せる功業の努力をもつて抑制せられざる自由の規定を、彼の内部から促すままに現實ならしむることは人にとつて彼のもつとも大いなる、しかして何ものによつても

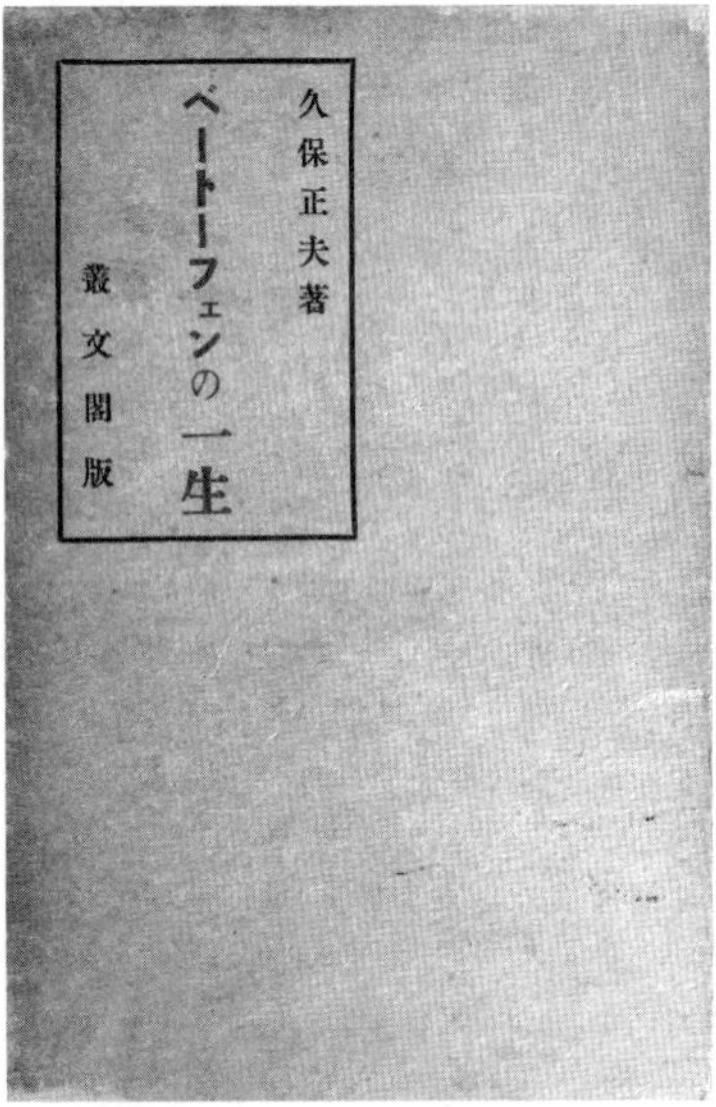

久保正夫著『ベートーフェンの一生』

奪はるることなき固有の権利であり、そしてまことの歓びである。

久保正夫『ベートーフェンの一生』

各章の章立ては、一. ボンの少年、二. 春のあらし、三. 理想、四. シンフォニーの春、五. 孤独と愛、六. Via dolorosa（ラテン語で「苦難の道」の意）、七. 時間と永遠、八. 最後の日々　となっている。全三百二十六頁に及ぶ、比較的大部の伝記である。

目次からもわかるとおり、時系列順にベートーヴェンの生涯を辿りながら、その業績とベートーヴェンを取り巻く社会や人間模様を描くというものだが、作品の分析はほとんどなく、伝記の部分は、ルートヴィヒ・ノールの『ベートーヴェンの生涯』に拠っていることから、発刊当時は、独創性に欠けるという批判的な論評もあったようだ。しかし、文学者らしい人間観察や心理分析など、現代のステレオタイプ的な伝記にはみられない記述は、いま読んでも興味深いものがある。

宗教学者だけでなく、哲学者でもあった久保がフィヒテの人生論にベートーヴェンの生涯を重ね合わせたように、大正期から昭和初期にかけて日本で形成されていった「苦悩から歓喜へ」という言葉に象徴されるベートーヴェン像は、この一文のように形成されていったこともたしかだ。その意味では、記憶されるべき一冊である。

「ドイツはベートーヴェンの国である」

ベートーヴェンといえば、ドイツ古典音楽を代表する作曲家として、つねにドイツ的精神とともに語られてきたが、明治生まれの教育学者、山下徳治は『ドイツはベートーフエンの國である』という小論で、自身の三年半にわたるドイツ滞在から、ドイツ人にとって音楽のもつ意味がいかに大きいかについて論じている。

私はドイツに着いたときまではドイツはカントの國だとのみ思ひ込んでゐた。然し事實は全く外れた。ドイツ國民の實生活の中に熔け込んでゐるものは勿論カントの論理的思惟方法も亦道徳的嚴肅説もあるであらう。然しドイツ國民を小さい子供の時代から培つてゐるものは又ドイツ國民の一般の日常生活と內面的關係にあるものは矢張り彼等の音樂である。音樂は社會に內から秩序を與へる。音樂なき日本の議會は夫を充分に證明してゐる。成る程ドイツ國民は今日尙ゲーテ、シラーを好んで讀んでゐる。然し夫以上に音樂は盛んである。世界大戰（第一次世界大戰）に引續いて爲替相場の暴落の約七、八年の長い間を尙よく耐へ忍ぶことの出來たのは、たゞ音樂があつたからである。眞の音樂があつたからである。（略）か丶る音樂を私はドイツに見出したのであつた。ドイツは如何にもカントの國でありゲーテ、シラーの國であるが、それにも增してドイツはバツハやベートーフエンの國である。實にドイツはベートーフエンの國である。と私はドイツ滯在三年半を通してさう思はずに居られなかつた。

山下德治『ドイツはベートーフエンの國である』

大正期の旧制高校時代にもてはやされた三人の哲学者、デカルト、カント、ショーペンハウアーは、その頭文字から「デカンショ」と呼ばれて流行歌《はやりうた》にも歌われたが、なかでもショーペンハウアーの主著『意志と表象としての世界』の次の記述は、音楽にかんする深い洞察として当時の教養人に大きな影響を与えた。

「音楽はほかのあらゆる芸術からまったく切り離された独自なものである。（略）音楽はまことに偉大なまた並外れてすばらしい芸術であり、人間のいちばん奥深いところにきわめて力強く働きかけてくる。音楽は人間のこのいちばん奥深いところであたかも普遍的な言語——この言語の明瞭さときたら直観的世界それ自身の明瞭さにもまさるくら

いだが――ででもあるかのように、人間によって全面的にまた奥深く理解されるのである」（西尾幹二訳）

「世界の普遍言語としての音楽」。「人間のもっとも奥深いところに訴える音楽の偉大さ」。これが、大正期の教養人を志す若者たちにも強いインパクトを与えたのだ。

山下はこの小論の冒頭で、「芸術の理解は一般に困難であるが殊に音楽の理解は最も困難である。音楽の理解にはある特別の素質と教養が必要であるようだ」と書いたが、そこには、「音楽はすべての芸術のなかでも特別の存在だ」というショーペンハウアーの主張からの影響がたしかに感じられる。そして、それが彼の哲学に啓示を受けた当時の大正教養人たちが抱いた、音楽への憧憬にもつながっている。

新城和一の『ベートーヴェン断想』

次に、明治二十四年（一八九一）生まれの詩人、新城和一による『ベートーヴェン断想』と題された随筆の一部をご紹介したい。人生哲学としてのベートーヴェンを語るうえで、大正期の教養人にとって典型的なベートーヴェン像を示した文章である。

耳聾すれば聾する程、一層微妙な音樂を聞き分けることが出來、生活に惱めば惱む程、一層偉大なる天才を發揮し得たベートーヴェン。彼こそは、一切の外界の音樂を聞くことが不可能となり乍ら、しかも、此の世の最も深い內部の音樂を聞くことが出來た第一人者なのである。（略）ベートーヴェンの音樂は、彼の一生を最もよくあらはしてゐる自叙傳的の詩である。そこには、善も惡も喜びも悲みも苦みも、凡べての人間の感情や思想が融け合つて流れ、熱烈な愛と燃ゆるやうな信仰とが輝いてゐる。そこには、厭くなき放縱な情熱と、暗い絕望的な懷疑とがあり、辛辣な烈しい血まみれの爭鬪をした後に得たる純眞な光明があり、敬虔な神仰がある。ドビュツシーの柔かな陰影を味つた近代の鑑賞家は、ベートーヴェンの整然たる格調、古典的な理智と情熱に滿足しないかも知れない。然し、ベートーヴェンには、如何に新らしい時代の潮を以てしても流すことの出來ない純眞さがある、力強さがある、壯重さがある。

新城和一『ベートーヴェン斷想』

当時の多くの日本人にとってベートーヴェンは、まだまだ遠い存在だった。日本人によるはじめての伝記である久保正夫の『ベートーフェンの一生』が刊行された大正八年

（一九一九）の翌年は、ちょうどベートーヴェン生誕百五十年だったが、東京音楽学校でクローン指揮の「ベートーヴェン生誕百五十年記念演奏会」が開催されたほかは、雑誌『音楽界』がベートーヴェン特集号を組んだ程度で、まだベートーヴェンが日本の社会で注目されるというほどではなかった。

そのベートーヴェンの名が、一気にクローズアップされるのが、この新城和一の随筆が書かれた年である昭和二年（一九二七）に大きな盛り上がりをみせた「ベートーヴェン没後百年祭」である。つまり、大正四年のロマン・ロオラン『ベエトオフェンとミレエ』から、大正十四年のラジオ・リクエストで「月光の曲」が第一位に選ばれるまでのわずか十年間で、日本の社会におけるベートーヴェンの評価は一気に高まったということになる。

ビートーブヱン、ベートヴヱン、ベートホーフェン……

やや余談めくが、これまで文章に書かれたベートーヴェンの記録を辿りながら、ふと気になったことを書き留めておきたい。ベートーヴェンが日本でどう呼ばれてきたかとともに、現在の一般的な呼称「ベートーヴェン」が、はたしていつ頃に成立したのか、という疑問である。

明治時代の呼称としては、第二章にも登場したとおり、ベートーヴェンの日本での初の公演記録がある明治十八年のプログラムが「ビートーブヱン」となっている。

参考までに、明治時代のベートーヴェンの呼称をいくつか並べてみると、「ビートーベン」（明治十八年）、「ビートーヴェン」（明治二十九年）、「ベートヴヱン」（明治四十年）などとなるが、外国人の呼称にこれといった決まりがあったわけでもなく、人によってさまざまというほかはない。

では、大正期はどうだろうか？　その時期の傾向を知るための恰好の資料がある。第八章のテーマでもあるベートーヴェンの没後百年祭を記念して昭和二年に刊行された『ベートーヴェン研究』（小原國芳編、イデア書院刊）である。

この本は、当時、ベートヴェンを論じることができた大正期の文学者や教育者による論文や随筆を集めた最初の貴重な研究書で、本書でも随時参考にさせていただいたが、おもしろいことに、各筆者による目次のタイトルに記された「ベートーヴェン」の表記が全く統一されておらず、筆者によってバラバラなのだ。

たとえば「ベイトオフェン」「ベエトオフェン」「ベートオフェン」「ベートホーフェ

ン」「ベートーヴェン」「ベートーヴン」「ベエトホヴェン」というぐあいである。

現代であれば、編集の段階で校閲から表記ゆれの指摘が出て、むりやり統一させられるところだが、これをみると、大正期の日本でベートーヴェンがどう呼ばれ、書かれていたかのカタログをみているようで、じつに興味深い。

現在の「ベートーヴェン」に統一されるようになったのは、この本以降に出版された書籍のタイトルから推測するかぎり、昭和に入ってからのことのようだ。参考までに手元にある昭和初期に刊行されたいくつかの書籍タイトルを列記してみる。例外はあるが、ほぼ「ベートーヴェン」に統一されているのがわかる。

昭和二年『ベートーヴェンの死』（兼常清佐著）

昭和六年『ベエトオヴェン～生涯と作品』（パウルベッカア著　大田黒元雄訳）

昭和十六年『ベートーヴェン』（アントン・シンドラー著　清水政二訳）

昭和十七年『ベートーヴェンの會話帳』（關清武著）

昭和二十二年『音樂～ベートーヴェン特輯』（雑誌、アポロ出版社）

昭和二十三年『ベートーヴェン鑑賞』（門馬直衛著）

大正時代のクラシック音楽家と聴衆の成長

ここまで、大正期のレコードとラジオというふたつのメディアとベートーヴェン、それに、文章に書かれたベートーヴェンをご紹介してきたが、この章の締めくくりに、大正期の日本におけるクラシック音楽家について、ごく簡単におさえておきたい。

大正三年（一九一四）七月に勃発した第一次世界大戦は、主戦場となった欧州にとっては、まさに地獄のような「世界戦争」だったが、日本にとっては、軍需品の大量輸出によって「大戦景気」と呼ばれたバブル現象を巻き起こした戦争でもあった。

クラシック音楽の分野では、結果的に経済も潤い、海外に留学する音楽家たちも増えるが、留学先としてはフランスが多く選ばれたのが大正期の特徴である。これには、ドイツが敗戦国となり、英国、フランスが勝利した影響もあったが、華の都パリへの憧れもあった。そのパリのモダンな空気にふれ、ドビュッシーやラヴェルなどの近代フランス音楽や、美術、文学などに刺激された若者たちが多かった。

戦争は人の流れも大きく変えた。「成金」になった日本に、海外の音楽家が堰を切ったように訪れる。ロシア革命によって国を追われたロシアの音楽家たちが、シベリアを経由して日本を訪れ、アメリカに亡命するというケースもあった。プロコフィエフやチェレプニンなどロシアの作曲家たちが日本に滞在して音楽界に刺激を与えたのも、ロシア革命の影響だった。なかでもチェレプニンは、プロコフィエフに比べれば知名度は劣るが、映画『ゴジラ』の音楽で知られる作曲家の伊福部昭や、新興作曲家連盟（現日本現代音楽協会）の委員長も務めた清瀬保二など、若き日本人作曲家たちのよき師匠ともいえる存在だった。

大正期から昭和初期にかけて、日本を訪問した海外の演奏家たちは、ヴァイオリンのクライスラー、エルマン、ジンバリスト、ハイフェッツ、ティボーなどに加え、ピアノのモイセイヴィッチ、レオ・シロタ、ブライロフスキー、ルービンシュタインなど、まさにそうそうたる顔ぶれだ。

これらの大物音楽家の来日によって大きく成長したものに、日本におけるクラシック音楽演奏会の増加と、聴衆の成長がある。大演奏家の実演に接するという体験によって、日本の聴衆の「耳」が徐々に作られていった。この大正から昭和にかけての聴衆層の成長と増大が、昭和期のクラシック音楽の普及に大きな力となっていくのだ。

第七章　シンフォニック・オーケストラの誕生

オーケストラ時代の幕開け

昭和の幕開けとともに、ベートーヴェンの名声は一気に高まる。きっかけは、昭和二年（一九二七）、ベートーヴェンの没後百年を記念した全国規模のイベントだった。「ベートーヴェン百年祭」と呼ばれたこの祭典こそ、明治時代に日本にやってきたベートーヴェンの音楽が、大正期を経て広く日本の市民権を獲得するきっかけとなった記念碑的なイベントである。ここから、いよいよ「ニッポンの楽聖ベートーヴェン」が誕生したともいえるからだ。

だが、そもそもなぜ昭和の幕開けに、ベートーヴェンがここまで一気にクローズアップされることになったのだろうか？　大正十四年（一九二五）のラジオ放送アンケートで第一位に選ばれた「月光の曲」の例からもわかるように、ベートーヴェンの名前は、着実に日本人のなかに浸透しつつあった。だが、それを大きく加速させたのが、本格的なシンフォニック・オーケストラの誕生だった。

この章では、日本のオーケストラ史に名を刻むふたりの日本人音楽家とともに、日本におけるオーケストラ時代の幕開けを辿ってみたい。

第二章でもふれたように、明治期にも民間オーケストラはいくつも誕生したが、それらは、わずかな例外を除けば、映画館や百貨店の少年音楽隊など小規模なオーケストラであり、ベートーヴェンの交響曲など大規模な管弦楽曲を演奏できるシンフォニック・オーケストラではなかった。

もっとも、横浜で明治四十四年（一九一一）に開場した映画館オデヲン座では、大正元年（一九一二）に『ワグネル作曲大歌劇シーグフリード上中下』が演奏されたという記録もあるように、規模はともかく、無声映画館でも管弦楽作品は演奏されていたようだ。ただ、当時、大規模な管弦楽曲を演奏できたオーケストラといえば、軍楽隊を除けば、東京音楽学校のオーケストラだけだった。そして大正後期にもいくつかのオーケストラが誕生するものの、どれもが激動の時代の波に呑まれて、泡のように消えていった。

そのなかには、たとえば、大正十一年（一九二二）に宮内省楽部出身の奏者四十七人で構成された東京スイムフォニー・オーケストラや、大正十二年（一九二三）に帝国ホテル社長の大倉喜七郎らが発起人となって結成された東京交響管弦団などがある。

そして、大正十五年（一九二六）十月。昭和元年を迎えるわずか二ヶ月前に、ひとつのオーケストラが産声をあげた。新交響楽団（現ＮＨＫ交響楽団）である。

このような過渡期を経て誕生した新交響楽団は、それまで日本の管弦楽演奏を支えてきた軍楽隊や東京音楽学校のオーケストラから、民間のシンフォニック・オーケストラが日本のオーケストラ活動の主役となる時代の、いわば象徴的な存在ともなった。

その誕生のきっかけともなった画期的な演奏会がある。「日露交驩交響管絃樂演奏會」である。大正十四年（一九二五）四月二十六日から四日間、東京・歌舞伎座で開催されたこの交流演奏会は、関東大震災で焼失した歌舞伎座の新装こけら落とし公演として当時の松竹合名会社の肝いりで実現したもので、東京のほか、名古屋、京都、大阪、神戸でも開催された。

なぜ日露混成オーケストラが実現したのか

「日露交驩交響管絃樂演奏會」は、ロシアと日本の音楽家による日本ではじめての国際交流オーケストラによる公演であった。ロシア側三十四名、日本側三十八名の演奏者で構成され、指揮者はふたりの日本人指揮者、山田耕筰と近衛秀麿が受け持った。

なぜロシアの音楽家たちとの交流オーケストラが実現したのか？　それを知るためには、日本と満州国の歴史に踏み込まなければならないが、とてもその余裕はないので、当時の「日本」と「西欧」を結ぶ接点に、満州の「ハルビン」という街があり、ロシアからハルビンを経て日本にやってきた音楽家たちが、黎明期のオーケストラの発展に大きな役割を演じたという歴史的背景だけにふれておきたい。

明治時代に生まれ、大正、昭和、平成と日本のオーケストラ史を生きたともいえる指揮者の朝比奈隆は、「もしハルビンという『音楽の都』がなければ、私がメッテル先生（朝比奈の恩師。第八章に登場）と出会うことも、指揮者になることも、そして日本のオーケストラがこれほど盛んになることもなかった」と語っているように、十九世紀末に帝政ロシアによって建設され、その後、満州国の都市となったハルビンには、ハルビン交響楽団というすばらしいオーケストラもあった。経済的繁栄を支えたユダヤ人とロシアから逃れた音楽家たちによって、ハルビンは東洋の小パリとも呼ばれた美しい街で、音楽都市とも呼ばれていた。

そして、この企画が実現したもうひとつの背景には、大正十四年一月に北京で調印された日ソ基本条約によって、ロシア革命以後断絶状態にあった日ソ国交の回復があった。この演奏会は「日露修好記念事業」としても注目を集めたが、それとともに、明治以降半世紀にわたる日本の西欧音楽史のなかで、日本人がはじめて本場のオーケストラの響きにふれることができた、まさに画期的な出来事だった。

この演奏会の感動が「人生を変えた」と語る音楽家は数多いが、のちに日本歌謡界の重鎮となる作曲家の服部良一は、『ぼくの音楽人生』という自伝のなかで「ぼくは、松竹座の天井桟敷で驚きのまなこを見開いて、日本人が指揮するロシア人と日本人合同の大交響楽に聴き入ったものである。（略）この日の感動は、ぼくの音楽人生の中でも特筆すべきものである」と書いた。

日本の聴衆を何よりも驚かせたのは、その圧倒的な音量と迫力だった。日本最初の学生オーケストラのひとつである「九州帝国大学フィルハーモニー会」でコンサートマスターを務めた髙坂知武はこう語る。「何しろうまい人ばかりで、自分たちがこれまでやってきたオーケストラとは音の大きさが全く違う。前のほうで聴いていると、ホールの壁や天井から反射した音がまるで突き刺さってくるようで耳が痛くなった。後ろで聴く

日露交驩交響管絃樂演奏會。指揮者は近衛秀麿と山田耕筰
（出典『NHK交響楽団40年史』）

とちょうどいい音響になったことをいまでもよく覚えている」。

日本における音楽評論の草分け的存在のひとりである吉村一夫は、こう書いている。「生まれて初めて、直接、耳にした大管弦楽の響きは、失心せんばかりの圧倒的なものであった。生涯でも、この時ほど驚嘆を味わったことはない。室内楽愛好家は、この時から決定的に交響楽愛好家に変心した」。

さきほど登場した朝比奈隆もその迫力に脱帽したひとりだ。「とにかく上手だとか下手とかではなく、巨大な音量の迫力に圧倒された。この感激が、私の人生における間違いのはじまりだった」と、指揮者を志すきっかけにもなったこの体験を語っている。

この記念碑的な演奏会が実現した背景には、山田耕筰と近衛秀麿という、黎明期の日本のオーケストラ史を支えたふたりの指揮者の熱い想いがあった。

彼らは、欧米で本場のオーケストラの演奏にふれて、オーケストラの響きがいかに魅力的で、人々の心を揺さぶる力があるかを知っていた。その魅力を多くの日本人にわかってもらうには、まずは本物のオーケストラを呼んで聴いてもらうしかない！　と考えたのが山田耕筰だった。

山田耕筰のオーケストラ構想

山田には、それまでにもシンフォニック・オーケストラ構想があった。彼の支援者であった三菱財閥の岩崎小弥太男爵の資本援助による「東京フィルハーモニー会管弦楽部」がそれである。

芸術振興にも関心が高かった岩崎は、もともと「東京フィルハーモニー会」という演奏団体を主宰していた。その岩崎の援助でドイツに留学した山田は、帰国後の大正三年（一九一四）に、八十人という当時としては考えられないような大編成オーケストラの演奏会を、岩崎家の支援で実現することができた。山田はこの演奏会で、自作の音詩『曼陀羅の華』、交響曲『かちどきと平和』や、ワーグナーの『ローエングリン前奏曲』、ビゼーの『カルメン』(抜粋)などを演奏して、一躍楽壇の寵児となる。

この演奏会の成功をよろこんだ岩崎は、三十五人編成の「東京フィルハーモニー会管弦楽部」を組織して運営を山田に託した。これは安価な会費でオーケストラの定期的な演奏(毎月一回)が帝国劇場で楽しめるという、現代の定期会員制度の先駆けともいえる企画だったが、大正四年(一九一五)五月に第一回演奏会が開かれ、年末までに計七回開催されただけで、翌年の二月に突如解散となってしまう。理由は、山田の個人的なスキャンダルで岩崎家からの出資が打ちきりとなったためだが、これにより山田が抱いたオーケストラ構想は、泡のように消えてしまった。

それでも、彼のオーケストラへの情熱が冷めたわけではない。この解散劇ののち、彼は単身渡米し、カーネギーホールで自作の演奏会を開催するかたわら、アメリカ各地のオーケストラ経営や運営方法を視察して、大正八年(一九一九)に帰国した。

その翌年、山田は「日本楽劇協会」を設立。帝国劇場でドビュッシーのカンタータ『放蕩息子』や、ワーグナーのオペラ『タンホイザー』などを上演したが、「完全な楽劇を上演するには、先づ絶対に必要なのは優秀な管弦楽団を養成することだと考えるやうになつた」（「日本交響楽運動の思ひ出」）と山田自身が述懐しているように、オーケストラの重要性は彼のなかでますます膨らみ、大正十三年（一九二四）四月、「日本交響楽協会」事務所を自宅に開き、個人名義でその商標登録も行った。

常設のオーケストラを維持運営するためには「単に演奏のみでなく楽譜出版レコード出版其他歌劇上演並に音楽興業仲介等の事業を興す必要がある」と考えた山田は、オーケストラ事業だけでなく、演奏、歌劇興業とともに、楽譜、レコードなどのメディアも含めた総合音楽ビジネスを構想していた。「日本交響楽協会」というブランドを個人で商標登録し、排他的権利を確保したのも、その構想ゆえのことだろう。

だが、「東京フィルハーモニー会管弦楽部」での苦い挫折を味わった山田にしてみれば、莫大な財源を要し、団員をはじめ多くの人材を擁するオーケストラ事業を自分の力だけではとても設立、運営できないことはよくわかっていた。

その山田のまえに、ひとりの人物が現れる。かつての山田の弟子でもあった、黎明期の日本を代表する指揮者、近衛秀麿である。

ベートーヴェンに心酔していた近衛秀麿

日本のオーケストラの立役者的な存在であり、のちに新交響楽団（現NHK交響楽団）の創立者となる近衛秀麿は、近衛公爵家の次男として明治三十一年（一八九八）東京・麴町に生まれた。上に長男の文麿、長女の武子、下に三男の直麿と四男の忠麿がいる。兄の文麿は、第三十四・三十八・三十九代の内閣総理大臣であり、秀麿とともに音楽の道を志し、雅楽研究やホルン奏者として活躍した弟の直麿は、わずか三十一歳で早世している。

近衛家といえば、その家系は千四百年前の飛鳥時代にまで遡り、天皇家に最も近く、公家の家格の頂点に立つ五摂家の筆頭という名家中の名家である。代々、皇宮の雅楽を司る役職を担ったことから、近衛家からは芸術に深く関わる人材が多く輩出している。

明治維新以降、公卿諸侯の名称が廃されて華族となった翌年に、近衛家は京都御所北側の広大な屋敷から東京麴町下二番町に転居するが、秀麿が生まれたころの近衛家には、それでも三十六人の召使いがおり、長男の文麿にはふたりの老女が付けられ、「若様」「殿様」と呼ばれていた。

このような由緒ある家柄に生まれた秀麿が、なぜ西欧音楽の指揮者を志したのか？

はじめに音楽的な才能を示したのは、七歳違いの兄文麿のほうだった。当時の近衛家にはピアノとヴァイオリンがあった。ピアノは鹿鳴館で使われていた米国製のスタインウェイで、ヴァイオリンは父篤麿の後妻貞子が輿入れに持参したものだった。文麿は習いもしないこれらの楽器を器用に弾いた。母に連れられて上野の音楽学校で開かれた音楽会にもよく出掛けたが、文麿は耳で覚えた曲をすぐに弾くことができたという。

秀麿と西欧楽器との出会いは、兄が弾くヴァイオリンだった。母からヴァイオリンを与えられると、兄がいつも弾く姿をみていた秀麿は、上達も早かったという。ところが、軍国主義に傾倒しつつあった時代の風潮は、秀麿が通っていた学習院の校風も変えた。学校でヴァイオリンの練習をしていた秀麿の周囲の目も冷ややかになり、あるときは海軍志望の同級生からヴァイオリンを壊されるという事件も起きた。

そのようなとき、弱気になった弟を叱咤激励したのは、当時京都大学の学生だった兄文麿だった。父親が若くして逝去したこともあり、兄文麿はつねに父親のように弟を励まし、音楽家になるという弟の志を遂げるための強力な後ろ盾となった。

その近衛秀麿が「宿命的な因縁といえるほどの強い結びつきを感じた」音楽家が、ベートーヴェンだった。若き日の近衛秀麿がベートーヴェンに心酔していたことを物語るエピソードがある。学習院時代の後輩にあたる音楽評論家の伊集院清三の回想である。「近衛さんは学習院で私の兄の仲のよい同級生で、私も音楽好きということから親しくしていただいていました。（略）いつも楽譜をもっておられ、時には五線譜に何か書き込んでおられ、そして手首にぶらさげた白いズックのカバンには『ベートーヴェン』と大きく横文字が書いてありました」。

近衛自身が、のちにベートーヴェンと自分との関わりを書いた文章がある。大正期から昭和にかけての日本とベートーヴェンをとりまく情景がみえるような文章である。

半世紀前、のどかな世代になすこともなく、当てなしに成人した自分は、いつとはなしに音楽に専心することになってしまったが、初め大正の中期、まだ電気録音も発達せず、クラシック音楽の演奏などはレコードですらろくに聞けなかった時代に、日本でのベートーヴェンの音楽との接触は、まずロマン・ロランあたりの文学の感激から始まったのであった。ベートーヴェンの交響曲自体との接触は、当時辛うじて入手できたアメリカ版のピアノ連弾によるほかはなかったような時代であった。ベートーヴェンのピアノ・ソナタは、当時の出色のピアニスト沢田柳吉、久野久子などによって聞く機会はなくはなかったが、交響曲に至っては、上野音楽学校の生徒と職員の管弦楽団が、六ヵ月ないし十ヵ月の練習の末、二、三年に一曲ぐらいの割合でわずかに片鱗をのぞかせてもらえる程度であった。ころ、あたかも第一次大戦の時期に当たったので、ドイツよりの書籍、楽譜などの輸入が途絶していて、個人としてのスコアの入手はまったく不可能であった。当時、学生時代のぼくが、スコア筆写のために国内を、遠くは九州までも旅して歩いたことは、今日ではだれも信じてくれないほどの語り草になってしまった。後に広く世界を旅して関係者たちと話し合ったが、二十世紀にベートーヴェンのスコアを筆写したような人間は、おそらくぼく以外に一人もいなかったかもしれない。

近衛秀麿『ベートーヴェンの人間像』

精神科医が持っていた楽譜

このとき、近衛が九州まで旅して筆写したベートーヴェンのスコアとは、九州帝国大学の精神科教授、榊保三郎がベルリンに留学した際に現地で買い求めたベートーヴェン交響曲のオーケストラ総譜（スコア）のことである。

榊は、精神科医でありながら、かのヴァイオリンの巨匠でブラームスの親友でもあったヨゼフ・ヨアヒムに師事したほどのヴァイオリン愛好家であり、九州帝国大学フィルハーモニー会（九大フィル）を率いて、日本人による『第九』（第四楽章のみ）初演（大正十三年一月）という偉業も成し遂げた。これは、クローン指揮の東京音楽学校が『第九』の全曲初演を行う十ヶ月まえのことである。

西欧音楽の教育機関でもない地方の一大学で、なぜ専門校の東京音楽学校に先んじてこのようなことができたのか？　これは榊保三郎の指導力とともに、彼がドイツから持ち帰ったベートーヴェン交響曲の楽譜があったためである。

いまではあたりまえすぎて誰も気にも留めないが、演奏するためには楽譜が必要だ。しかし当時は、楽譜は外国に行かなければ手に入らない貴重品である。東京音楽学校が『第九』を初演できた背景には、「音楽の殿様」と称された紀州徳川家第十六代当主、徳川頼貞の支援があったが、そのようなわずかな例を除けば、大正初期にベートーヴェン交響曲全九曲のスコアをすべて持っていたような日本人は、おそらく榊保三郎のほかにはいなかったはずだ。

だからこそ学生時代の近衛は、わざわざ九州まで榊を訪ねて、スコアを筆写させてほしいと懇願したのだ。このとき近衛は、ひとり九州の旅館に籠もって、何日間もほぼ寝ることなくひたすら膨大な数の音符を写譜したという。

その近衛が、山田耕筰にはじめて出会ったのは、大正五年（一九一六）の春だった。当時の十八歳の年のことである。明治十九年（一八八六）生まれの山田耕筰は三十歳。近衛は山田の山田は、東京フィルハーモニー会管弦楽部の解散で失意のなかにあった。近衛は山田の門下生となって彼の自宅に通い、しばらく作曲法を学ぶことになる。この師弟関係は、山田が渡米する翌年の十二月まで続いた。

その後、アメリカから帰国した山田が「日本楽劇協会」を設立し、自宅に「日本交響楽協会」事務所を開いた経緯はすでにふれたが、一方の近衛は、大正八年（一九一九）に子爵を受爵して近衛家から独立。同年、東京帝国大学文学部美学科に入学するものの、授業よりも音楽仲間とアマチュアオーケストラでの演奏や作曲に没頭する日々だった。

翌年には、毛利高範子爵の三女泰子と結婚。その翌年には長男秀俊も生まれて、二十三歳の学生の身でありながら一家の主となった近衛だが、音楽への情熱は消えるどころかさらに燃え上がる。彼が抱いた夢は、音楽の本場ヨーロッパに渡り、その音楽を肌で感じることだった。そしてそれは、大正十二年（一九二三）二月から翌年夏にかけてのベルリン遊学によって、しかも彼自身が描いたよりもはるかに大きな果実となって結実する。日本人指揮者としてはじめてベルリン・フィルハーモニー管弦楽団を指揮するという偉業がそれである。

最初は手を組むも、袂を分かった近衛と山田

ベルリン・フィルハーモニー管弦楽団との共演という夢のような指揮者デビューは、近衛にとってたんなる経験を超えた啓示でもあった。ここから近衛の活動の中心につねにオーケストラが位置づけられることになるのは、当然といえば当然だった。

その近衛が日本に帰国したのは、関東大震災の翌年、大正十三年（一九二四）九月のことだ。現地で大量に買い込んだ楽譜を抱えての帰国であった。当時のドイツは歴史的な大インフレ期で、外貨を持つ近衛のような留学生は金の価値の凄まじい上昇で、驚くほど大量の楽譜が買えたのだった。近衛は「大てい自分の背の高さの札束を標準に、どっさり買った」と述懐している。だが、この近衛の楽譜コレクションが、のちの日本のプロ・オーケストラのレパートリーを陰で支えることになることは、見過ごされがちだが重要なことである。

この大震災で、近衛は生まれたばかりの長男秀俊を失うことになるが、日本初のプロ・オーケストラを結成させる！　という彼の決意は揺るがなかった。

帰国後、すぐに旧知の音楽仲間たちを集めて「近衛管弦楽団」を組織するが、折しも東京ではラジオ放送の本放送スタートを控えており、近衛管弦楽団は、その記念すべき本放送初日に、ベートーヴェンの交響曲第五番『運命』を演奏した。

この本放送のオープニングには、山田耕筰作曲の『JOAK（東京放送局）行進曲』も、日本交響楽協会のメンバーと山田自身の指揮で演奏されている。

このとき、近衛率いる近衛管弦楽団と山田耕筰の日本交響楽協会は、まだ併存して活動していたが、帰国したばかりの近衛に「一緒にやろう！」ともちかけたのは山田の方だった。まだ聴衆も少なく、演奏家の層も薄い日本でオーケストラ事業を成功させるには、持てる力を結集すべきという、かつての師だった山田の主張に近衛も賛同し、指揮者として参加するとともに楽譜の提供など協力を約束した。

そして、この山田と近衛がタッグを組んだ日本交響楽協会が、当時満州の音楽都市といわれたハルビンからのロシア人音楽家たちと大編成の合同オーケストラを結成して開催した演奏会が、この章の冒頭でふれた「日露交驩交響管絃樂演奏會」だった。

この演奏会によってはじめて「本物」のオーケストラの魅力にめざめた人々によって、日本にも常設のプロ・オーケストラを！　という機運が高まる。そして、日本交響楽協会は東京放送局（のちのＮＨＫ）の援助のもとに、毎月二回の予約演奏会の開催を発表する。

第一期予約会員募集人数は千名、会費はA種会員五円、Ｂ種会員三円の前納制だった。第一回の開催は、大正十五年（一九二六）一月二十四日に明治神宮外苑の日本青年館で行われた。指揮は近衛秀麿。ベートーヴェンの交響曲第三番『英雄』などが演奏された。ところが、順風満帆にみえたこの日本初のシンフォニック・オーケストラの船出は、同年六月までに第一期全十二回の演奏会を開いたところで内紛が勃発。わずか一年にも満たない活動で分裂してしまう。

日本交響楽協会を率いる山田側についた団員はわずか四名。残る約四十名は近衛とともに組織を去り、新たなオーケストラを立ち上げることになった。この一件で、山田耕筰と近衛秀麿は袂を分かち、山田はこれ以降、オーケストラ事業の表舞台から姿を消すことになる。

大正十五年（一九二六）十月五日。東京、数寄屋橋畔の塚本音楽事務所の二階で、仲

間たちとともに近衛は新オーケストラの結成式を行い、「将来は法人化した日本フィル・ハーモニック・オーケストラにしよう！」という誓いで誕生したのが、新交響楽団（のちのＮＨＫ交響楽団）である。

大正時代が終わりを迎える、わずか七十五日まえのことだった。

大正天皇の喪明けに重なったベートーヴェン百年祭

昭和二年（一九二七）の年明けは、日本社会全体が沈鬱な空気に覆われていた。前年の十二月二十五日に崩御した大正天皇の忌服期にあたっていたためだ。つまり昭和元年は十二月最終週のたった一週間しかなかったことになる。

その年の年賀状は、崩御の翌日に取扱いが中止されたため、それまでに受け付けられた分のみが元旦に配達されたが、東京で配達された数は、前年の三千五百万枚に対しわずか二百五十八万枚という少なさだったという。

忌服期に付きものの歌舞音曲の自粛によって、昭和という新時代の音楽界の幕開けは、寂しいものだった。当時の新聞記事には、こう書かれている。

今春の楽壇は諒闇中（天皇が父母の崩御にあたり喪に服する期間）として音楽会はすべて御遠慮申上げ開催を延期してきた。（略）日比谷奏楽やラヂオ放送で市民とは親しみ多い陸海軍軍楽隊も先帝百日祭までは公開演奏は行はないとのこと、又提琴（ヴァイオリン）家窪兼雅、芝祐孟、セロ（チェロ）の多基永諸氏を始めハイドン絃楽部に関係ある処から諒闇中は楽器を手にせず謹慎する筈であるから楽界は一入寂莫の感がある。

昭和二年一月十六日付『中央新聞』

当時の空気を感じていただくためにあえて長めに引用したが、演奏家たちは人前で演奏することだけでなく、楽器に手をふれることすら自粛したというのは興味深い。このような事情で、前年の十月に結成されたばかりの新交響楽団も、結成記念のお披露目演奏会を延期せざるを得なかった。

ところが、この直後に開催された「ベートーヴェン百年祭」は、なぜか日本の西欧音楽史に残る画期的なイベントとなり、これによって日本でのベートーヴェンの名声は決定的なものとなったのだ。

なぜ、そこまでの盛り上がりをみせたのだろうか？

理由のひとつに、大正天皇の喪明けと、ベートーヴェンの百回目の命日（三月二十六日）が重なったという、偶然というにはあまりによくできた巡り合わせがあった。まるで溜まりに溜まったエネルギーが一気に爆発したような「ベートーヴェン百年祭」は、昭和という新たな時代の幕開けとともに、大正天皇の忌服期という重苦しい空気を一掃するかのように、それまでの西欧音楽の演奏会という枠をはるかに超えたスケールのイベントとなったのである。

第八章　ベートーヴェン百年祭の熱狂

大正期の日本人は、ベートーヴェンの交響曲をどのように聴いたか

この章では、明治・大正期の日本におけるベートーヴェン受容のクライマックスとしての「ベートーヴェン百年祭」を採りあげるが、そのまえに、大正期の総括としてベートーヴェンにまつわるいくつかのトピックスとともに、ベートーヴェンをも巻き込んだ東京と大阪の文化都市抗争にもふれておきたいと思う。

まずは、大正期から昭和初期にかけての一般的な日本人は、ベートーヴェンの交響曲をどのような「耳」で聴いていたのだろうか？　という素朴な疑問である。

これまでこの本に登場してきた文学者や音楽評論家たちは、いわば目利きならぬ音楽の「耳利き」で、それなりの熟練した耳でベートーヴェンを聴いていたはずである。

では、これからクラシック音楽を聴いてみようという一般人は、ベートーヴェンの交

響曲に対して、どのような認識を持っていたのだろうか？

「一般人」と一口にいってもその定義は難しいので、あくまで参考程度だが、『音楽巡礼』などの著書で知られる評論家の兼常清佐によるベートーヴェン交響曲全九曲の一般向け解説があるのでご紹介したい。

「この九曲は、些くとも最後の第九を除いて後の八曲は、大抵どれもこれも似たものである。楽譜ももたず、ジムフォニー（交響曲の謂）の技巧上の構造も知らず、そしてその上に、始めてこの様なジムフォニーを聞く様な諸君は、事によると第一と思って第二を聞いたり、『エロイカ』（第三番）と思って『パストラーレ』（第六番）を聞いたりしかねないぐらいである」「諸君はベートーヴェンのジムフォニーは大抵どれもこれも似た様なものだと思っても、恐らく大した間ちがいではあるまい」。

初心者を見下したようなひどい言い方にも思えるが、当時の一般的な日本人にとっては、ベートーヴェンの交響曲九曲は、このような認識だったということだろうか。

ただ、兼常は、ベートーヴェンを聴いておけば間違いがない、これが古典的な音楽のスタンダードであるとも書いている。

「ここに演奏されるベートーヴェンの音楽は、この百年の間に数限りない多くの人を感激させ、数限りない多くの人から驚嘆され、讃美されて来た名作ばかりである。私共は音楽の美をこの中に求めて決して失望する事はあるまい。この様なものが即ち美しい音楽である、この様なものの中にこそ古典的な音楽美の標準がある、と思っても決して間違いではあるまい」

これを一般向けの入門書として読めば、これが、当時の日本におけるベートーヴェン評価のスタンダードといえるだろう。

大正後期の人気作曲家ベスト十五

大正後期になると、ようやく演奏される機会も増えてくるクラシック音楽だが、次に、この時期に演奏された交響楽曲の演奏頻度からみた人気作曲家ベスト十五というデータをご紹介したい。『近代日本音楽年鑑』(復刻版・大空社)に掲載されたもので、大正九・十・十二年の三年間の交響楽曲の演奏データを作曲家別にまとめたものだ。

堂々の第一位は、さすがというか、やはりベートーヴェン。各年の演奏回数はそれぞれ五十八回、五十七回、四十一回で、合計百五十六回である。

第二位は、意外にもシューベルト。合計百四十三回と第一位にかなり肉薄している。

これは大正後期に流行した『未完成交響楽』の影響もあると思われる。

そして、第三位ショパン百三十五回、第四位ブラームス百二十三回、第五位シューマン百五回と続く。第六位以降は順位別に名前だけを記しておくと、ワーグナー、チャイコフスキー、グノー、モーツァルト、リスト、マスネ、バッハ、ヴェルディ、ビゼー、メンデルスゾーンとなる。

なお、第十五位のメンデルスゾーンだけは、大正十年のデータが欠落しているので、もし残っていれば十位以内に入る公算が大きいと脚注にあるが、データが残る二年の比較ではモーツァルトを上回っており、第九位にランクインする可能性が高い。

それにしても予想外なのは、モーツァルトの不人気である。このデータがどのような規準で集められたものかはわからないが、西欧音楽史上最高の天才と評されるモーツァルトは、現代ではベートーヴェンと人気を二分する人気作曲家でもあるからだ。

ちなみに、日本で最初に演奏された年の記録を比較してみると、ベートーヴェンの明治十八年（一八八五）に対して、モーツァルトは慶応元年（一八六五）で、モーツァルトの圧勝である。慶応元年九月二十六日付の新聞（ジャパン・タイムス）に、ヘネシー指揮のイギリス軍楽隊による横浜での野外演奏会の予告にある『魔笛序曲』が、日本で最初のモーツァルト演奏記録とされている。

日本を代表するオーケストラであるNHK交響楽団の演奏記録をみても、昭和五十年（一九七五）までにもっとも多く演奏された作曲家は、第一位ベートーヴェンの千二十一回が圧倒的だが、第二位はモーツァルトの五百八十二回である（『NHK交響楽団五十年史』）。

なお、参考までに海外での現代の状況をみてみる。イギリスのクラシック音楽専用サイト、バックトラックが二〇一七年九月に公表した「昨年最も演奏された作曲家」によると、第一位はモーツァルトで、ベートーヴェンは第二位だ。もっともこのふたりの順位はつねに拮抗しているというが、いずれにしても、いま世界中で最も演奏されているクラシック音楽の作曲家が、ベートーヴェンとモーツァルトであることは間違いない。

「東京＝ドイツ」対「大阪＝アンチ・ドイツ」

次に、ベートーヴェン対モーツァルトならぬ東京対大阪である。

明治のはじめ、日本の首都をどこにするか？　大阪か？　東京か？　という議論が戦わされて以来、東京と大阪は、文化的にも経済的にもつねに熾烈なライバル争いを繰り広げていた。その抗争のどこがベートーヴェンに関係するのか、というのは読み進めていただければみえてくるはずだが、これからご紹介するのは、ベートーヴェンを頂点とするドイツ音楽至上主義の牙城である東京音楽学校を中心とした、いわば東京＝ドイツ派に対抗する、大阪＝アンチ・ドイツ派ともいうべき主張である。

第一次世界大戦が終結した年でもある大正七年（一九一八）に、宝塚歌劇団の創立者小林一三によって創刊され、いまも宝塚歌劇団の機関誌として愛読されている『歌劇』の第四号（大正八年刊）に掲載された『音楽大戦』という論文がある。

まるで戦渦の時代を反映したかのような過激なタイトルだが、筆者は、すでに登場した音楽評論家の田辺尚雄。これは、同年に彼が宝塚で行った講演の記録である。

ここで田辺は、西欧音楽史をゲルマン（チュートン）系音楽とラテン系音楽の対立の歴史として読み解いている。ドイツ対イタリアといいかえてもいい。

『音楽大戦』というタイトルには、一九一四年（大正三）に勃発した第一次世界大戦が強く意識されている。田辺によれば、ゲルマン系音楽は「音楽をシステム化する冷灰なる音楽」であり、ラテン系音楽は「温かな真情から出る音楽」という。

そして、もともと日本人はラテン系の人種であり、これからは、ゲルマン系音楽に代わってラテン系音楽を発展させることが「世界共通、人類共同の目的のために最大肝要である」として「而してこの重大な使命を果たすべき責任はいまや日本の双肩にかゝつて居るのである」と主張するのだ。

この主張の背後には、あきらかに第一次世界大戦におけるドイツの敗北がある。科学的でシステム化するゲルマン系のやり方では、もはや時代に勝てない。これからの世界は、ラテン系を目指さなければならない。そして、日本人は、もともとラテン系の人種なのだと田辺はいう。「元来情的である日本人に向つて、システム本位の独逸音楽ばかりを聴かせて居るからさつぱり解らないのである。欧州の実際の傾向をよくも味はないで無闇に独逸音楽を崇拝し、ベートベンを神様のやうに奉じてやつて居ては、いつ迄経つても日本人には洋楽の真趣味が了解されない」。

いっけん突拍子もない主張にみえるが、さまざまな民族が入り乱れたヨーロッパならではのゲルマン、ラテンなどの民族闘争や、カトリックとプロテスタントの血で血を洗う宗教闘争の歴史などを重ね合わせてみれば、なるほどとも思えてくる。

そして、ここから矛先は東京にも向けられる。「然るに日本の東京では今頃まだ独逸音楽の理論に心酔してゐる。曩にも言つた如く今頃独逸音楽を崇拝してゐる所は世界中を尋ねて日本の東京以外、それも上野の音楽学校以外はめつたにない」。

いまどき、世界中でドイツ音楽を神の如く崇めているのは、東京音楽学校くらいしかない！　という過激な主張によって、田辺は、ベートーヴェンに代表されるドイツ音楽と、それに心酔する東京音楽学校という組織を痛烈に批判しているのだ。

田辺は、東京的なるものをドイツ的（＝敗北した音楽）として、そこからの脱却を主張するが、これからの日本の音楽文化は、東京ではなく大阪がその中心になるべきだと訴える。いまや東京や東京音楽学校では日本の音楽文化を正しい方向に動かすことはできないとして、それにふさわしい都市として大阪の名を挙げるのだ。

「この運動を起すには東京は駄目である。どうしても潑剌たる新興の都会からして、理窟を排斥する感情的都会からして起らなければならない。恰も伊太利音楽の復興が、中心のローマより起こらずして商業の都市たるベニスより崛起したる如くであらねばならない」

大阪と東京のライバル関係は、江戸が首都「東京」となり、政治、経済だけでなく、文化にかんしても東京が発信地としての役割を担うことによって、それまで独自の文化を築いてきた大阪の凋落を危惧する文化人も現れるようになる。

たとえば作家の坪内逍遥は「もう大阪は、何事につけても、東京から独立すべきでせう。商業上の利害は、どうだか知らんが、少なくとも文芸上は別旗幟を翻して貰ひたい。東京模倣は全然止めて貰ひたい」と主張している。

大正七年(一九一八)に刊行された歴史家の木崎愛吉(大阪朝日新聞元記者)による『大阪遷都論』を読むと、首都として東京が日本の中心都市になってからも、いまだに商都としての繁栄と独自の文化を築いてきた大阪への誇りが「大大阪」という呼称に滲み出ている。

大阪が東京を追い抜いたこともある。大正後期から昭和初期にかけての大阪市は、関東大震災による関東から関西への人口流入もあって、人口、面積、工業出荷額のすべてで東京市を凌駕する日本一の大都市となった。まさに「大大阪」だったわけである。

いうまでもなく、大阪の西欧音楽活動が、すべて反ドイツ系、アンチ・ベートーヴェンだったわけではない。ただ、文化都市としての大阪ならではの個性は、東京とはあきらかに異なる方向で展開されていった。それは、ここからのテーマである「ベートーヴェン没後百年祭」での展開や、オーケストラ時代の幕開けに各都市で演奏された作曲家の違いにも、はっきりと現れてくる。

ベートーヴェン百年祭の多彩な企画

ここからは、昭和二年（一九二七）に全国で展開された「ベートーヴェン没後百年記念祭」がどのようなものだったのかを辿ってみたい。

まずは、東京朝日新聞社の主催による「ベートーヴェン百年祭記念大演奏会」である。これは、四月二十八日の第一夜から五月六日の第六夜まで、全六回にわたる連続演奏会で、演奏は結成されたばかりの新交響楽団。指揮者は予定されていた近衛秀麿が急病（腸チフス）に倒れたために、全六夜を代役のヨゼフ・ケーニヒがつとめた。

プログラムは、すべてベートーヴェン作品で、『第一番』『第三番』『第五番』『第六番』『第七番』『第八番』『第九番』の主要な交響曲のほか、『第四番』『第五番』のピアノ協奏曲、『レオノーレ序曲第三番』などが演奏された。会場は、朝日新聞社講堂、日比谷公園音楽堂、明治神宮外苑の日本青年館であった。

この企画は、ようやく誕生した日本のオーケストラである新交響楽団と、楽団の創立者であり当時日本を代表する指揮者の近衛秀麿による、いわばオール・ジャパンの画期的な演奏会になるはずだった。残念ながら指揮者の近衛は病に倒れて外国人指揮者が代役をつとめたが、それでも、この一連の演奏会が日本の観衆たちに本格的なオーケストトラ時代がやってくるという予感を抱かせたのは事実だった。

この演奏会の前月には、大正十五年（一九二六）に発足したばかりの東京中央放送局（旧東京放送局）が、三月十四日から四月十九日まで一ヶ月以上にわたるベートーヴェン祭記念特別番組（全十二夜）を放送した。

第一夜の小倉末子のピアノ独奏による『ワルトシュタイン・ソナタ（ピアノ・ソナタ第二十一番）』からはじまり、第二夜は、新交響楽団による『交響曲第三番』（指揮、近衛秀麿）、第三夜には、ケーニヒ指揮によるJOAKオーケストラ（新交響楽団の別称）の『エグモント序曲』『シュテファン王序曲』などが演奏された。

ラジオ放送らしいのは、演奏だけでなく音楽評論家たちによるベートーヴェンの生涯や作品についての記念講演も放送されたことだ。兼常清佐による記念講演『音楽史上のベートーヴェン』（第二夜）と、野村光一『ベートーヴェンの作品』（第五夜）、牛山充『人としてのベートーヴェン』（第六夜）である。

注目されるのは、結成されたばかりの新交響楽団だけでなく、軍楽隊もベートーヴェンの交響曲を演奏していることだ。第五夜の海軍軍楽隊による『交響曲第八番』と、第十夜の陸軍戸山学校による『交響曲第四番』である。現代では、軍楽隊といえば吹奏楽のイメージが強いが、大正から昭和期にかけて、陸軍も海軍も管楽器だけでなく弦楽器の充実に力を注ぎ、交響曲が演奏できる本格的なオーケストラが編成されていたのだ。

大正期までの日本の西欧音楽界を牽引してきた東京音楽学校でも、ベートーヴェンの命日にあたる三月末に「ベートーヴェン祭」と題した演奏会を予定していたが、大正天皇の崩御により五月に延期された。この演奏会では、レオニード・コハンスキー（ピアノ）をゲストに『合唱幻想曲』や『交響曲第七番』などが演奏されている。

関西音楽界の父メッテル

関西でも「ベートーヴェン百年祭」は大いに盛り上がった。まずは、宝塚交響楽協会主催のベートーヴェン百年祭で、東京に先立つ二月十九日に第一夜として『歌劇フィデリオ序曲』や『交響曲第五番』などが演奏されたほか、四月二十二日までに全四回の演奏会が開催された。なかでもオープニングを飾る第一夜で百余人の少女歌劇団がベートーヴェンの音楽に合わせて踊りを披露したことは、いかにも宝塚らしい催しだった。

大正十五年（一九二六）から日本で最初の本格的な定期演奏会を開催した宝塚交響楽団は、とかく東京のオーケストラが中心に語られがちな日本の黎明期のオーケストラ史のなかでも、特筆すべき存在である。この交響楽団が永年にわたり関西のオーケストラ活動の中心的な存在であり続けたのは、母体である宝塚音楽歌劇学校の確固たる理念と、宝塚音楽研究所によるクラシック音楽の地道な演奏活動、それに常任指揮者であるオーストリア出身の音楽家ヨーゼフ・ラスカの存在があった。

大阪放送局では「ベートーヴェン百年記念放送」として、三日連続の企画を行った。第一日のモギレフスキー（ヴァイオリン）、カヴァリョフ（ピアノ）の演奏に続き、第二日は、『いづく行くか春の女神』『菊の杯』『神の栄光』などの合唱曲（合唱団は不明）が放送された。第三日は、同放送局の専属オーケストラとして編成された大阪フィルハーモニック・オーケストラが『交響曲第三番』などを演奏している。

ほかにも、大阪ならではの企画として、大阪朝日新聞社内全関西婦人連合会が主催した「ベートーヴェン百年記念音楽舞踏映画の会」がある。これは、大阪朝日新聞調査部長による講演や、大阪フィルハーモニック・オーケストラによる『交響曲第一番』の演奏、ベートーヴェンの『悲愴ソナタ』や『コリオラン序曲』などの音楽に合わせた創作舞踊、それに伝記映画の上映などでベートーヴェン百年祭を飾ろうという企画である。

ここまで、東京と大阪で開催されたベートーヴェン百年祭をざっと振り返ってきたが、ここで、このイベントが開催された年の東京と関西のオーケストラ活動がわかる興味深いデータをご紹介したい。昭和二年（一九二七）に、両都市圏のオーケストラが演奏した作品を作曲者の国別にまとめたデータである。

まずは、東京。オーケストラは新交響楽団のみ。指揮者は、近衛秀麿、ケーニヒ、ラウトループなど。最も多いのはドイツ音楽で二十八回。これは、ベートーヴェン百年祭の年でもあり、ベートーヴェンの演奏機会が多いのは当然といえるが、第二位はチャイコフスキーなどのロシア音楽で十四回。次いで、フランス音楽の八回と続く。

次に、関西。オーケストラは、大阪フィルハーモニック・オーケストラと京都帝国大学オーケストラ、それに新交響楽団の大阪公演が一回加わる。指揮者はメッテル。順位は、おもしろいことに、ロシア音楽が圧倒的な第一位で六十六回。次いでフランス音楽の二十回で、ドイツ音楽は十九回の三位に留まっている。

東京と関西の個性の違いがわかっておもしろいが、この違いをどう考えればいいのだろうか？　大阪でロシア音楽の演奏が圧倒的に多かったのは、関西人の好みだろうか？　それとも、ロシア系指揮者メッテルの好みだろうか？

ここで登場する指揮者のエマニュエル・メッテルは、ウクライナ出身。ロシア革命時にハルビンに亡命し、ハルビン交響楽団の指揮者を務めたが、当時、宝塚音楽歌劇学校で教えていた妻エレナを追って、大正十五年（一九二六）に来日。京都帝国大学オーケストラの常任指揮者や、大阪フィルハーモニック・オーケストラの指揮者として、昭和十四年（一九三九）に日本を離れるまで関西を拠点に活躍した。指揮者の朝比奈隆や作曲家の服部良一の師でもあり、関西音楽界の父といわれた人物である。

ちなみにメッテルの日本での約十三年間にわたる作曲家別指揮回数の記録をみると、第一位はベートーヴェンの四十六回で、第二位のチャイコフスキーの三十六回を大きく引き離している。メッテルはとくにロシア音楽だけを偏愛していたわけではなかった。

とすれば、昭和二年（一九二七）という日本中がベートーヴェン百年祭に沸き立つなか、もしかすると東京に反抗するように、あえて大阪ではロシア音楽を多く採り上げたのだろうか？　思わずこのようなことを想像したくなる。

プロ・オーケストラによる『第九』初演の衝撃

「ベートーヴェン百年祭」は、東京と大阪だけで盛り上がったわけではない。名古屋では松坂屋洋楽研究会シンフォニー・オーケストラ（現東京フィルハーモニー交響楽団）によって、京都では京都音楽協会によって、九州では九州帝国大学学友会によって、それぞれベートーヴェンの百年祭にあわせた企画が開催された。

その意味では、この百年祭は、西欧音楽史のひとりの作曲家だけが全国規模で採り上げられた、画期的な音楽祭だったといえる。

ただ、なかでもこの百年祭の白眉は、何といっても五月三日と六日に開催されたふたつの『第九』（交響曲第九番）演奏会である。主催は、三日が東京朝日新聞社、六日が新東京交響楽団だったが、ともに管弦楽は新交響楽団。これは、日本のプロフェッショナル・オーケストラによるはじめての『第九』演奏であったとともに、合唱団、独唱者、指揮者まで、すべてが日本人演奏家によるはじめての『第九』演奏になるはずだった。残念ながら指揮者の近衛秀麿の急病で指揮者だけは外国人となったが、この『第九』演奏が多くの日本人に与えたインパクトは圧倒的だった。

「大講堂も揺らぐばかり。暴風のごとき大音楽」。これは、東京朝日新聞社主催の『第九』演奏会の模様を伝える、翌日の新聞記事である。

楽壇ではいうまでもなく多くの愛好者から異常の興味と渇仰の念で期待されていた

ベートーヴェンの第九交響楽演奏の夜は予想の如く感激と陶酔とに満た数時間であった。（略）講堂は定刻前既に立すいの余地もない盛況で、来会者の中に久邇侯爵と三条西伯爵夫妻もありゾルフ大使を始め雪白の胸清清しき紳士や夜会服の姿あでやかな貴婦人等の外交団約百名も来会、講堂の中央はさながらの社交場と化した。

昭和二年五月四日付『朝日新聞』

演奏会というよりも、まるで外交行事さながらの賑々しさだが、この記事が主催者の東京朝日新聞社による記事であることを差し引いても、この演奏会はドイツ大使の臨席のもとで、楽聖百年祭の功労者を表彰するセレモニーも行われるなど、たんなる記念演奏会を超えた文化的な国際交流事業でもあった。

そして、このときに演奏された『第九』は、その後の日本人の文化的な生活のなかにひとつの風物詩となって根付いていくことになる。これが、ベートーヴェンに「楽聖」というニックネームが冠されるようになる理由のひとつであった。

「ベートーヴェン百年祭」は、たんなるひとりの西欧音楽家の記念祭というだけではない。こののち日本におけるクラシック音楽が市民権を得るために、欠かせないイベントであった。そして、それは、明治時代に日本にやってきた「ニッポンのベートーヴェン」が、日本人の社会のなかで「あたりまえ」の存在として認められるための、はじめの一歩でもあったのだ。

第九章　『第九』が日本人の魂になった日

『第九』が第二の国歌になった国

毎年大晦日が近づいてくると、どこからともなく、あの耳慣れた『歓喜の歌』の調べが聴こえてくる。いつしか日本という国は、世界中でもっとも『第九』が鳴り響く国となった。それも、ただ聴くだけではない。老若男女が集ってドイツ語の歌詞を学び、歌を練習し、合唱団の一員となって演奏に「参加」することに無上の歓びを感じる。『第九』のなかにあふれる「うた」に、いかに多くの日本人が慰められ、歓喜の涙を流したことか。なかには「一万人の第九」というイベントまである。このような国がほかにあるだろうか。

日本をよく知るドイツ人のある友人から、日本で一万人が『第九』を歌うという光景を、まるで北の果てに住む民族の国で、毎年暮れになると国民全員で阿波踊りを踊り狂い、子供から老人までが集まって「一万人の阿波踊り大会」が行われるようなものだと冗談めかしていわれたことがあるが、あらためて考えてみると、異国の文化が風物詩になるというのは、たしかにその文化の発祥地からみれば奇妙に映るのかもしれない。なぜ、そこまで『第九』が日本人になくてはならないものになったのだろうか。

『第九』の日本初演は、大正七年（一九一八）に遡る。徳島県の板東俘虜収容所のドイツ人捕虜たちの音楽活動として、同年六月一日、捕虜たちのオーケストラと八十人の男声合唱団によって全楽章が演奏された。

当時の松江豊寿収容所長の「博愛の精神と武士の情け」という方針により、収容所でありながら、捕虜たちは比較的自由な活動が許されていた。なかでもスポーツ活動と音楽活動は盛んで、収容所内には、五つのオーケストラと二つの合唱団まであったという。そのような雰囲気のなかで『第九』は演奏されたのだ。

「音楽の殿様」として知られ、日本初のパイプオルガンを備えたホールである南葵楽堂の建設など、黎明期の西欧音楽の普及に努めた紀州徳川家十六代当主、徳川頼貞は、四国でドイツ人捕虜たちが『第九』を演奏するという噂を聞いて、わざわざ東京からやってきた。その「第九見聞記」のなかに、こう書かれている。

四国の徳島で第九交響曲を聴くと言ったら人は不思議に思うであろう。ところがそれは真実のことである。だがその演奏家が、日本人ではなく独逸の捕虜なのである。大正の中期には、未だ日本ではベートーヴェンの第九交響曲は演奏することはなかった。（略）その時分には、この合唱付の大交響曲を演奏すると言うことは音楽家の間では考えられもしなかったのである。然し、私は長い間、ベートーヴェンの最大の傑作といわれるこの第九交響曲をわが楽壇に於いて演奏させてみたいものだと思っていた。近く自分が建設する南葵楽堂の開堂音楽会には出来ればこの希望を実現したいと考えて、具体的に研究もしたのであるが、その当時の上野の音楽学校の管弦楽では、とてもその望みは不可能であると知って残念に思っていたのであった。

徳川頼貞「第九見聞記」（『薈庭楽話』所収）

注目すべきは、ドイツ人の捕虜たちは、この『第九』という畢生の大曲を誰かに聴かせるためではなく自分たちのために演奏したということだ。板東収容所の音楽活動は地域との交流も盛んだったというが、この『第九』はあえて「塀」のなかで演奏された。

彼らは、この「歓喜の歌」を祖国ドイツから離れて極東の島で暮らす自分たちのために歌いたかったのかもしれない。

徳川頼貞は、ドイツ兵たちの音楽に対する真摯な態度に心を打たれたというが、それとともに「彼らの教養に対して、また彼らにかくの如き教養を与えたドイツの文化に対して羨ましさを感じずにはいられなかった」と書いている。

関東大震災と『第九』

『第九』は、当時の日本人にとってとても手の届かない「幻の大曲」だった。その幻が、やがて日本人の魂となった背景には、大正期から昭和にかけて日本が体験したふたつの悲劇がある。関東大震災と第二次世界大戦である。

大正十二年（一九二三）九月一日午前十一時五十八分。東京、千葉、神奈川から静岡まで関東一円を襲った大地震は、大正期の日本にはかりしれない衝撃を与えた。東京市に住む約二百五十万人の六割が家を失い、一時約百万人が東京を離れた。死者・行方不明者は十万人を超えた。まだ記憶に新しい二〇一一年の東日本大震災の死者・行方不明者約一万八千人と比較しても、その凄惨さは想像を絶するものがある。

大震災は、明治時代の美しいレンガ造りの街並を破壊し、浅草のランドマークでもあった凌雲閣の展望塔をまっぷたつに折った。しかし、人々はそこから果敢に立ちあがる。震災のわずか五日後には、壊滅した市電に代わって乗合馬車が復活。街には瞬く間にバラック小屋（仮設建築）が建ち並び、十二月には、築地の魚河岸や、靖国神社境内に仮設の公衆浴場も開場した。

幻の大曲だった『第九』が、レコードでやってきたのは、震災の傷跡がまだ色濃く残る頃だった。「第九がいよいよ日本へ来て、それを聴くことが出来たら――と思うだけで、歓喜の戦慄が走った」と語る日本のレコード評論の草分け的な存在、野村あらえびす（野村胡堂）は、『第九』のレコードとの出会いをこう書いている。

関東大震災のあった大正十二年の暮であったと思う。当時高級（?）レコードを漁り歩く者の足溜まりのようになっている、小川町の仏蘭西書院に行って見ると、バラックの奥――レコード小売部の突き当たりの壁に、ドイツ語のポスターで、ベートーヴェンの第九シンフォニーがザイトラー・ウィンクラーの指揮でドイツ・グラモフォンに吹き込まれることが予告されてあった。ベートーヴェンの第九！　その新聞全紙大の鳶色がかった渋いポスターが、どんなに私を興奮させたことだろう。日本では楽譜と文献以外に知ることも味わうことも出来なかった「第九」に対して、我々はどんなに長い間憧憬を持ち続けたことか。

野村あらえびす「最初の『第九』」(『音樂は愉し』所収)

『第九』へのあふれる想いがひしひしと伝わってくる文章だが、まだ先がある。グラモフォンから『第九』のサンプルが届いたことを電話で知らされた野村は、店から持ち帰る途中も満員電車のなかで、もし貴重な『第九』が割れてはと、七枚のレコードを宝物のように抱えた友人を、野村ともうひとりの友人が取り囲んで守護するという厳戒態勢(!)で帰宅する。そして、ようやく蓄音機から流れてきた『第九』を、野村がどれほどの感動と歓喜に包まれて聴いたかは、あらためていうまでもない。

たった一枚のレコードが与えてくれるこのような至福の瞬間は、もはや現代のぼくたちには味わうことはできないのかもしれない。

九州の『第九』初演と、東京の『第九』初演

震災後のバラックのレコード店の奥で、野村あらえびすが『第九』のポスターを発見した翌月。大正十三年（一九二四）一月には、遠く福岡の地で、九州帝国大学フィルハーモニー会による『第九』が演奏された。「摂政裕仁親王（のちの昭和天皇）御成婚祝賀記念演奏会」としてである。指揮は、初代神経科教授の榊保三郎。これが、日本人演奏家による『第九』の初演（第四楽章のみ）とされている。

そして、同年十一月二十九、三十日。いよいよ東京音楽学校での『第九』（日本人演奏家による全曲初演）となるが、そのわずか四日まえに、日本ではじめての『第九』の研究書が刊行されたことにふれておきたい。田村寛貞訳著の『ベートーヴェンの「第九ジュムフォニー」』である。

これまでも登場した著者の田村寛貞は、ドイツ文学者という肩書きだが、東京音楽学校のドイツ語教師でもあった。彼は、大正五年（一九一六）という西欧音楽家の単著がまだ日本に一冊もなかった時期に『楽聖ワークナー』を書き、クラシック音楽ファンにはおなじみの『ハンスリックの音楽美論』を翻訳するなど、日本の西欧音楽界にも多大の貢献をした人物である。

ただ、この田村の『ベートーヴェンの「第九ジュムフォニー」』が東京音楽学校での『第九』初演の直前に刊行されたのは、けっして偶然ではない。この本は、東京での記念すべき『第九』全曲初演という歴史的な瞬間にあわせた、いわばガイドブックとしての役割も意図して書かれているからである。

「幻の大曲」が、いよいよ演奏される！ その昂揚は、ぼくがあれこれ拙い筆を弄するよりも、田村自身の言葉で語ってもらう方がいい。この本の「序言」である。

今や終に其時は來た。疲れ果てた心を振り起して、此處に吾人は「歡喜の歌」を謠はうとはする！ 一八二四年、墺國ウィーンに其初回演奏の產聲を擧げてより此處に滿百年、今年今月二十九日、樂聖ベートーヴェン一代の傑作「第九ジュムフォニー」は方に我日本に於ける初回演奏の嚴かなる響を傳へようとして居る。永き憧れの充されるの日を數へて、此處に吾人は聲高く「歡喜の歌」を謠はんとはする！

田村寛貞訳著『ベートーヴェンの「第九ジュムフォニー」』

燃えたぎるような言葉の熱さ！ ここに書かれているとおり、この年はウィーンで

『第九』が初演されてからちょうど百年目にあたる。その記念の年に、まさに満を持しての初演がようやく実現したのだ。

「事件」となった東京音楽学校の演奏会

それはまさしく「事件」だった。この東京音楽学校での『第九』初演は、わざわざ新聞が写真入りで記事にするくらいのニュースだったのだ。「第九シンフォニーの大合唱けふ、あす音楽学校で」。これが、公演当日の報知新聞の見出しである。

日本人演奏家による最初の『第九』の全曲演奏会の実現が、いかに困難に次ぐ困難だったかは、演奏者、楽器、楽譜、コンサートホール、観客まで、演奏に必要なあらゆる環境が整備された現代からは想像もできないが、東京音楽学校では、この『第九』のために、三年前から本格的な準備をはじめたという。

東京音楽学校全校の教授、生徒を総動員し、それでも当時、同校には管楽器科がなかったので、管楽器奏者は海軍軍楽隊からの応援を受けるなどして、合唱とあわせて総勢二百名の出演者は、指揮者のクローンとともに約半年前から週二回の練習に臨んだと伝えられている。

そして、いよいよ演奏会当日である。演奏会は、十一月二十九、三十日の二日間にわたって行われたが、すでにチケットは完売。場所は、明治二十三年（一八九〇）に同校の本館として建設された音楽の殿堂、奏楽堂。初日は土曜日で、開演は午後一時半。

このときの写真が残っているが、舞台からあふれんばかりの演奏者たちと、会場を埋め尽くす観客の白熱した雰囲気が伝わってくる。

会場で演奏を聴いた音楽評論家の野村光一は、「そのときの感動は凄まじいものだった。私はもう夢中になってしまい、帰りには上野公園の中を友人たちとベートーヴェンの話をべらべら喋りながら歩き、本郷の大通りから日本橋、銀座を経て新橋のたもとまで来てしまった」と当時を振り返っている。

公演の模様を伝える雑誌『月刊樂譜』の記事「樂界消息」によれば「十一月二十九日及び三十日の兩日は、日本の音樂史上に特筆すべき記念の日である。その日上野の音樂學校に於いて、ベートーウエンの『不朽』の第九交響樂が演奏された。（略）云ふまでもなく第九交響樂は大作であつて、日本では絶對に聞かれないものと豫想されてゐた。それが美事に奏された時、記者は涙をさへ流したのであつた」とある。

『第九』は、それまでの日本における「幻の大曲」であったが、同時に「日本では絶対に聞かれないものと予想され」ていたのだ。

この公演が社会的にも大きな話題となったことは、前述の野村あらえびすによる十二月八日付の報知新聞のコラム「音樂漫談ユモレスク」を読むとよくわかる。見出しは、「第九交響樂樣々　音樂學校大當たりの事」である。

そのいくつかを紹介してみる。「音樂學校の秋季演奏會の人氣はすばらしいものだ。何しろ、公演四《ママ》日間、試演二日間、それがこと〴〵く爪も立たぬ滿員なんだから恐ろしい」。「あの音樂堂は七百人位入る相だから、あの樣子では前後五千人以上入れたわけだが、もう一週間ブツ通しに演奏しても、希望者全部に聞かせることが出來ない——とは驚くではないか、切符が手に入らないからつて、ブウ〳〵いつてはもつ體ない。席のよい惡いなどをいふと第九樣の罰が當る」。「豫備の切符をねらつて、開演後も門前市をなすなどは愚な事、學校關係者や切符取次屋の手づるをたどつて、遠く東北、九州の果から、『すぐ上京するから、何とか入場券を都合してくれ』と泣きついて來るのがある」。「奇談は澤山あるが、最初のシンフオニーノ《ママ》の演奏といふのに敬意を表して、あまり無駄はいはない事にしやう」。と、こんなぐあいだ。それにしても、切符を求めて東北や九州からも問い合わせがあったというのにも驚く。

この『第九』が鳴り響いた東京は、まだ大震災の悲惨な爪痕が残るバラックの街並でもあった。だが、この世紀の瞬間に立ち会った人々の語る『第九』の物語は、震災後の苦しみよりも、幻だった『第九』が現実となった歓びにあふれている。

『第九』はいつから年末の風物詩になったのか?

『第九』が日本の年末の風物詩となったきっかけに、昭和十三年(一九三八)十二月二十六・二十七日に、東京・歌舞伎座でジョゼフ・ローゼンシュトック指揮による新交響楽団の『第九』特別演奏会が開催されたこと、それに、昭和十五年(一九四〇)の「紀元二千六百年奉祝」がある。これは神武天皇の即位から二千六百年目を祝う一大祭典で、年初の橿原神宮の初詣ラジオ中継から、紀元節の全国十一万の神社での大祭のほか、展覧会、体育大会、祝典音楽会など、さまざまな記念行事が催された。

この祝典の年のクライマックスともいうべき十二月三十一日の午後十時三十分から、現在のカウントダウンコンサートの先駆けともいえる画期的な『第九』の放送があった。オーケストラは日本放送交響楽団(新交響楽団の放送局用名称)で、指揮は、ジョゼフ・ローゼンシュトック。昭和十一年(一九三六)に来日した彼は、NHK交響楽団の育ての親となった指揮者である。

この放送の経緯については、当時NHK洋楽担当職員の三宅善三が、雑誌『放送』にこう書いている。「大晦日の夜に第九交響曲を演奏することは、欧州各地に於て習慣となって居り、この場合は大抵夜の十一時過ぎから演奏が始まり、終末音楽の歓喜の頌歌と共に新年に入ると云う趣向であるが、国情の違う我国ではそう云う訳にも行かないので、三十分を繰上げて、歓喜の合唱に佳き年を祝いつつ、これを以て本年掉尾の音楽放送にしたのである」（一九四一年一月号）。

つまり、大晦日の『第九』の仕掛人は、昭和初期のドイツ帰りの放送局員であり、彼が欧州各地の習慣と称して日本に持ち込んだ企画からはじまったのだ。

日本初の本格的なプロ・オーケストラとして成長を続けた新交響楽団は、第七章でもふれたとおり昭和二年（一九二七）の「ベートーヴェン百年祭」以来、毎年のように『第九』を演奏しており、日本のクラシック音楽ファン層も飛躍的に増大しつつあった。

だが、日本が「紀元二千六百年奉祝」の祝典ムードに浸るさなか、戦渦の波は着々とこの国にも迫りつつあった。一九三九年（昭和十四）の欧州では、九月一日にドイツ軍がポーランドに侵攻。イギリスとフランスはドイツに宣戦布告する。こうして第二次世界大戦の火ぶたは切って落とされたのだ。

「紀元二千六百年奉祝」の年の九月、日本はドイツ・イタリアと日独伊三国軍事同盟を締結。そして同月、帝国劇場を閉鎖。翌月には、ダンスホールの禁止、大日本音楽協会の解散、その翌月には、大日本作曲家協会も解散するなど、日本も急速に戦時体制に染まっていくことになる。

出陣学徒の『第九』

昭和十六年（一九四一）十二月八日。悠々たる「軍艦マーチ」の演奏に続いて「大本営発表。帝国陸海軍は、本八日未明、西太平洋において米英軍と戦闘状態に入れり」というラジオ放送が流れる。これによって日本は、当時「大東亜戦争」と呼ばれた戦争に突入していくことになる。

それでも、この大晦日の『第九』放送は、当初は戦時下でも続けられる予定だった。ところが対米開戦ののち電波統制によってＮＨＫは第二放送を休止させられたため、大晦日夜の洋楽番組は難しくなる。そこで同年の大晦日の『第九』は翌一月三日の朝に放送され、翌年は一月五日に放送されるなどして年明けに持ち越されはしたものの、大晦日の『第九』は、戦時中にもかかわらず継続して放送されたのである。

だが、戦時中の『第九』を物語るうえで「日本にとって忘れてはならない暮れの『第九』の原点がある」と語るのは、『〈第九〉と日本人』の著者、鈴木淑弘である。それは、もはや敗戦の色が濃くなった戦争終盤の昭和十八年から翌年にかけて徴兵された学生たちを戦場に送る出陣学徒の壮行会で演奏された『第九』である。

当時、東京帝国大学（現東京大学）法学部一年に在籍していた栗坂義郎（朝日新聞元アメリカ総局長）は、壮行会の催しとして日響（旧新交響楽団。昭和十七年に財団法人化され日本交響楽団と改称）を呼んでみんなで『第九』を聴こうと提案する。

「戦争には勝てそうもない。せめて最後に好きな音楽のなかでも至高の名曲『第九』を聴かせたい！」と日響の理事長を説得し、会場は安田講堂が「歌舞音曲一切禁止」で使えないために、法文経二十五番教室という広い教室で行うことになった。昭和十九年八月六日、日曜日。うだるように暑い夏の午後だったという。

栗坂は、この日のことを「出陣学徒と第九交響楽」という一文にこう書いている。

〝第九〟が始った。教壇、いやステージいっぱいに楽団、合唱団員が並び、合唱の女生徒が押しつぶされそうな混みようだ。窓から飛び込むセミしぐれが暑さを一層かき立てる中で、矢田部氏の「友よ、この調べに非ず、さらに快き、歓喜の調べを歌おう……」と朗々と歌うバリトンで、異様な興奮が教室に漂い、合唱のリフレーンではそれがさらに高まる。「歓喜よ、……すべての人類は汝のやさしき翼の下、友達たれ」と泣きながら歌う若い女性。出陣を前にした若人の心とのふれ合いが胸にくるのだろう。（略）曲の半ばで一人のバイオリニストが暑さと過労でぶっ倒れた。舞台裏に運ばれる間も合唱の高まりは続いた。ともかく空襲・警戒警報もなく、万雷の拍手のうちに無事終った。野球など米英スポーツはすでに禁止、ジャズもない。娯楽といえばクラシック音楽ぐらいしかなく、その音楽にも飢えていた若人は戦争を忘れ音楽に酔った。ついで〝海ゆかば〟になると再び戦争の現実に帰った。これが最後の第九か――不安が再び頭を擡げ、出陣学生は三々五々複雑な表情で散っていった。会場に残った私は、全身から力が脱けていったのをいまでも覚えている。

栗坂義郎「出陣学徒と第九交響楽」（『文藝春秋』一九七八年八月号）

戦争の時代の「厚生音楽」

全国で学徒兵として出征した学生の総数は、約十三万人に及ぶともいわれるが、死者数にかんしてはその概数すらわかっていない。その出陣学徒壮行式で『第九』が演奏されたのは、この東京帝国大学と東京音楽学校のふたつが知られている。戦地に赴く学生たちと、それを送る人々。そこに流れる「歓喜の歌」は、やるせないほどに、ただ切なく美しく響いたことだろう。

ただ、戦時中という逼迫した時期に、音楽など聴く余裕があったのか？　と若い世代の方々は訝しく思われるかもしれない。だが、たとえば、戦争の時代にけたたましく鳴り響いた軍歌の数々を思い浮かべてみればいいと思う。あの夥しい軍歌の数々は、たしかに芸術のために作られた音楽ではなかった。軍歌は、戦時中の民心を鼓舞し、団結を促し、戦地に赴く勇気を与えるための音楽によるプロパガンダであった。だが、人々はそれを無理矢理に歌わされたわけではない。当時の人々の生活のなかで、日本人の心情と深く結びついていたからこそ、人々に歌い継がれていったという側面も持っている。

戦時中に刊行された『厚生音楽全集』という書籍がある。この全集の刊行の辞を読むと、戦時中に音楽がどのようにとらえられていたのかがよくわかる。その最初の部分を引用してみる。

「現代ほど音樂を必要とする時代はない。音樂によつて國民の士氣を振起し、高邁な精神を陶冶して此の重大時局を突破しなければならない。國民全体が各々其の職場に於て、音樂を樂しみ、明日の爲に、新しい力を湧き起さねばならない。生活に仕事に直接結びついた音樂——厚生音樂とは、國民全部が音樂する事である」

最後の「国民全部が音楽する事」の部分は、わざわざ圏点で強調されている。このあとには「音樂を樂壇の孤塔から解放して、國民全体の手に返へす事」と書かれているが、当時の楽壇の権威主義的な側面を打破して、国民音楽ということばで国民全体による音楽活動という理念が示されている。

日本の近代史における戦渦の時代は、ふりかえれば日清戦争から第二次世界大戦まで、およそ半世紀にもわたって続いた。そのなかで、音楽は人々の意識を戦争に動員するための道具として最大限に活用された。それは、たとえば大日本帝国海軍の平出英夫少将による「音楽は軍需品」ということばにもよく現れている。

明治期にはじまった西欧音楽の導入が、軍事制度としての役割を担ってきたことは、この本でも強調してきたが、それとともに、音楽が人々の心に火を灯し、勇気を与え、人と人をひとつにつなげるという効用を持っていたこともまた、紛れもない事実である。

出陣学徒追悼の『第九』

昭和二十年（一九四五）八月十五日、戦争は終わった。だが、相次ぐ執拗な空襲や原子爆弾の投下によって日本は壊滅状態となり、東京など全国の都市は焼土と化した。出陣学徒たちも多くは再び祖国の土を踏むことなく、戦場に散った。それでも生き残った東京音楽学校の生徒たちは、戦場で「散華」（仏教では仏の供養に華を散くこと。花を散らす意味から転じて死亡すること、特に若くして戦死することを指す）した友を弔うために、あの別れのときに歌った『第九』を再びやろうという声が高まった。

こうして実現したのが、昭和二十二年十二月三十日、日比谷公会堂で開かれた東京音楽学校による出陣学徒追悼の『第九』演奏会であった。独唱者は、中山悌一、木下保、四家文子、大熊文子、合唱は東京放送合唱団、東京音楽学校、指揮は山田和男であった。

この公演の記憶は、昭和四十四年十二月二十四日付の『学生新聞』に掲載された一文に残されている。

おお、友よ、このような音ではなく、快き歓喜に充ちた歌をこそ歌わむ！　それは四年前、弱々しい初冬の日ざしのさしこむ音楽学校の奏楽堂で奏でられた音楽であった。（略）コーラスが終わり、オーケストラが鳴りやむ間もなく感動の拍手が堂を圧した。手放しで涙を流している姿が独唱者にも合唱部員の間にも、そして客席にもあった。

杉田洋「ベートーベンの『第九』と『わだつみの像』」

前出の鈴木淑弘は著書『〈第九〉と日本人』のなかで、この出陣前後のふたつの『第九』を「出陣学徒の〈第九〉はまさに戦争と平和を象徴する〈第九〉といえると同時に、以後わが国独自の年末の〈第九〉形成にあたって重要な役割を担った」としている。

一方、日本交響楽団による戦後最初の『第九』は、昭和二十一年（一九四六）六月六、七日の第二六八回定期公演で行われた。指揮は、戦時中楽壇を追われていたが前年復帰したローゼンシュトックである。同月九日には、アメリカ進駐軍向けの演奏会で『第九』が演奏されたという記録もある。日響は同年二月から毎週日曜日に進駐軍将兵のために演奏会を開催している。これも、戦後ならでは情景のひとつだ。

市民のための参加型『第九』

ここまで、関東大震災と第二次世界大戦という日本の近代史におけるふたつの悲劇と『第九』の物語を辿ってきたが、大震災や戦争などのいわば極限状態のなかで、なぜ日本人は異国の音楽であるベートーヴェンの『第九』を貪るように求めたのだろうか？そもそも、なぜ日本人は『第九』にそこまで惹かれたのだろうか？

ちなみに日本初の本格的なプロ・オーケストラである新交響楽団が、第一回の定期公演を開いた昭和二年から終戦を迎える昭和二十年までに、『第九』を何回演奏したかを調べてみると、東京帝国大学での出陣学徒のための出張公演を含めて、じつに五十四回にも及ぶ。演奏された十八年間で単純計算すると、平均して年三回以上も演奏されている計算になる。

それがさらに加速するのが、戦後の『第九』ブームである。戦後の『第九』の大きな特徴といえるのが、高度成長期を起点としてたんなるオーケストラ公演としての『第九』を超えて、市民や地域の街づくりの一環である市民参加型という日本ならではのイベントとして『第九』が浸透していくことにある。

いうまでもなく、そこには『第九』そのものの強烈な吸引力がある。何よりも重要なのは、『第九』が平和と自由の象徴として演奏されたということだ。そこには、大正期までは「幻の大曲」といわれ、手を伸ばしても届かなかったベートーヴェン晩年の畢生の傑作が、ようやく演奏やレコードなどで手が届くようになったという感激もある。

次に、市民が参加できる作品という観点からみれば、その最大の魅力は大規模な交響曲でありながら「合唱付」というユニークな編成にあることは明らかだ。しかも、合唱付といっても、アマチュアにはさすがに全曲歌いっぱなしは厳しいが、クライマックスの第四楽章だけに颯爽と登場できる。これによって演奏が至難の大曲でありながら、市民が合唱団の一員としてプロのオーケストラとも共演ができ、しかも「みんなとともに」という感覚と感動を観客とも共有できるという、合唱好きの日本人には理想的な作品なのだ。

そして、その合唱好きの国民を育てた背景には、戦後まもなく日本青年共産同盟中央合唱団から全国に広まった「うたごえ運動」や「労音」（勤労者音楽協議会）など一般労働者による戦後の新しい社会運動と結びついた音楽活動の普及がある。労働者の文化的な活動のなかでも合唱が盛んになった理由は、仲間との「連帯」や、「集い」の場にふさわしい活動だったからだ。

「うたごえ運動」は、昭和二十三年（一九四八）の世界労働組合連盟代表の来日の際に、労働歌を歌った日本青年共産同盟中央合唱団の活動をきっかけにはじまった戦後日本における合唱による社会・政治運動だが、職場や学生のサークル、当時流行した「歌声喫茶」などを拠点に活動しながら「日本のうたごえ祭典」などの大規模イベントも展開され、日本全国に合唱の一大ムーブメントを起こした。

ここから育った合唱愛好家たちによる全国各地の「第九を歌う会」の存在とともに、戦後の市民による『第九』は、空前の盛りあがりをみせるのだ。

このようにして、日本人の心の中に刻まれた『第九』とともに、十九世紀革命期に生きたルートヴィヒ・ヴァン・ベートーヴェンというひとりの音楽家は、ニッポンのベートーヴェンという日本人にとってかけがえのない存在となっていくのである。

ベートーヴェンはいつから「楽聖」になったのか

「楽聖」というニックネームは、とても力強い。この名称は、はたして日本だけなのだろうか。気になって調べてみると、漢字の母国である中国でも同じような呼び名があることがわかった。中国語でベートーヴェンは「貝多芬」と書くが、「楽聖」といえば、中国人にもそのまま通じる。中国人の知人から聞いた話によれば、中国でポピュラーなベートーヴェンのニックネームは、「交響曲の王」というものらしい。

では、日本ではいつから「楽聖」と呼ばれるようになったのか？

結論からいえば、「楽聖ベートーヴェン」が定着したのは、第二次世界大戦後。しかも「いつ」という明確な日付があるわけではなく、徐々に定着していったと考えられる。あまりすっきりしない結論だが、これには理由がある。そもそも「楽聖」という呼称そのものは明治期からあった。ところが大正期から第二次世界大戦前まで、バッハも、モーツァルトも、ショパンも、すべて「楽聖」だった。つまり「楽聖」はベートーヴェンひとりではなく、西欧音楽の巨匠すべてに対する称号だったのだ。

たとえば、『樂聖をめぐる』藤本義輔著（昭和六年刊）、『樂聖の話』門馬直衞著（昭和十七年刊）など、戦前に刊行された「楽聖」をタイトルに持つ書物をみても、そこに登場する五十人以上もの西欧音楽の巨匠全員が「楽聖」と呼ばれている。ぼくもこれらの本は、てっきりベートーヴェンについて書かれたものと思っていたが、実際に手にとってみると、いわゆる大作曲家ガイドだったので拍子抜けした記憶がある。

問題は、これがどのタイミングで、ベートーヴェンだけの称号になったかということだ。そのきっかけは、やはり第二次世界大戦の終戦だった。戦後から徐々に高まっていくクラシック音楽の人気に比例して、刊行されたクラシック音楽誌の人気ランキングや『第九』ブームなどによって「楽聖ベートーヴェン」の地位が高まっていき、徐々に他の作曲家から「楽聖」の文字が消えていったとみるべきだろう。

だが、そこに至るまでの道筋は長く、背景にはやはり関東大震災から第二次世界大戦にかけての「苦難の時代」があった。

「楽聖ベートーヴェン」の称号が定着することは、ベートーヴェンが「神格化」されることでもある。古来、人々は苦難に遭遇したときに「神」を求めてきた。その苦難が、日本にとっては関東大震災から第二次世界大戦にいたる時代だったのだ。

災難と戦渦に塗れ、生と死のはざまに揺れた時代にあって、『第九』の「友よ！」と叫ぶ「歓喜の歌」がもたらした感動と共感は、まるで「神の啓示」のように時代の記憶として人々のなかにしっかり刻まれた。それが「楽聖ベートーヴェン」誕生のための大きな原動力になったことは間違いない。

日本人と『第九』の物語は、終わることなくいまに受け継がれている。だが、あの過酷な危機の時代を生きて「歓喜の歌」に涙した人々にとって、あれは生と死に向きあうためにどうしても必要な音楽だったのだ。それは「うた」というよりも「祈り」だったのかもしれない。ただ、その切実さのなかでは、音楽がどの国で書かれたかなど一切関係ない。あの『第九』は、まさにあの時代、あの瞬間の日本で生まれ、そして息づいた、ニッポンの音楽だったのだ。

これが、なぜベートーヴェンでなければならなかったのか？　という「はじめに」で投げかけた最後の問いに対する、ぼくの考えである。

おわりに

日本にとって、はたして西欧文化とは何か？

この本を書きおえたいま、この問いが書きはじめるまえよりも目の前に大きく迫ってきたような気がする。この本を書きたいと思ったきっかけも、思えばこの問いからだったが、書き終えてからも問いはますます膨らむばかりだ。

ぼくにとって、この問いとの付き合いはとても長い。最初にこの問いにぶつかったのは十九歳のとき。生まれてはじめて海外に渡り、パリの音楽学校で勉強をはじめたころのことだ。

「おまえは日本人なのに、どうしてヨーロッパの音楽をやっているのか？」

ひとりのフランス人の学友からこう訊かれたとき、ぼくは、その問いに答えられなかった。西欧文化に憧れ、西欧音楽を愛し、周囲の猛反対を押し切って異国の地に骨を埋める覚悟までして渡欧したはずなのに、それまで日本人である自分が、なぜ西欧音楽を志すのかを考えてみたことすらなかった。それどころか、そのことに何の疑問も抱かなかった自分に愕然とした。

そのときは、西欧音楽は日本と西欧の枠を超えた人類共通の文化遺産だとか、偉大な音楽に国境はないとか、わかったふうな答えでごまかしたが、それから四十年近くを経たいまでも、その問いは、まるで腹の奥にどす黒く固まった澱のように、ずっとひとつの問いのまま残っている。

明治維新以降、文明開化の大号令のもと、懸命に西欧文明を取り入れ、いまや西側の一国家であるとともに、経済大国として国際社会に認められてきた日本だが、二十一世紀に入り、令和という新しい年号の時代を迎えたいま、この国全体に、どこか根無し草のような、ふわふわした絶望感を感じるのはなぜだろうか？

はたしてこのままでいいのか？　これからの日本はどうあるべきか？

この問いは、文化や芸術を生業にしているぼくにとっても切実な問いでありつづけている。日本の「これから」を考えるために「これまで」を振り返っておきたい。これが、明治・大正期と西欧音楽の歴史を通じて、日本と西欧文化とのかかわりを、ベートーヴェンというひとりの音楽家を通じて眺めてみたいと思った理由である。

日本にとって西欧文化とは何か？　という問いが、西欧文化と渾然一体となった現代という時代に、はたして成立するのかという疑問もある。古来、海を渡ってやってきた中国や朝鮮の文化から、遠くは南蛮渡来の文化まで、あらゆる外来の文化から多くを学び、それらが混ざりあってできたのが日本文化だとすれば、西欧と日本、アジアと日本などと単純に分けることはできないはずだ。「純粋な日本文化」などどこにもないという考え方もできる。だが、であればなおさら、日本とそれを取り巻くすべてについて、あらゆる視点から考えを巡らせることも必要ではないだろうか。

ベートーヴェンの生誕二百五十年という記念すべき年である二〇二〇年は、新型コロナウイルスが世界中をパニックに陥れ、分断させた年として長く記憶に残るはずだ。この未知のウイルスが分断したのは、人と人との接触だけではない。この文章を書いているいまもまだ、日本と外国を結ぶ航空各社や船舶会社など国際線の運航は、ほぼ止まったままである。ぼくたちは期せずして、この本の冒頭に登場するような鎖国状態の日本に舞い戻ってしまった。グローバリゼーションというイデオロギーで均一化された世界が、かつて経験したことのない試練にさらされているいま、極東の島国に生きるぼくもまた、あらためてこの問いに向きあっていきたいと思う。

終わりに、この本を書くための資料を漁っているときにみつけて、深く考えさせられた一文をご紹介したい。いまから一世紀半以上もまえ、江戸時代の安政四年（一八五七）十二月七日に日本で書かれた、ひとりの外国人による日記の一部である。書いたのは、ヘンリー・ヒュースケン。黒船来航から日米修好通商条約交渉にあたったアメリカの全権大使ハリスの通訳兼秘書を務めた人物である。

無知と閉鎖の闇が消え、この帝国（注・日本のこと）の誇り高い統治者も己の無力と西洋諸国民の力を認めはじめており、今日まで、気位の高い女王のようにあらゆる世界の大国の縁組み申入れをはねつけてきたこの帝国も、ようやく人間の権利を尊重して、世界の国々の仲間入りをしようとしているのだ。

しかしながら、いまや私がいとしさを覚えはじめている国よ、この進歩はほんとうに進歩なのか？　この文明はほんとうにお前のための文明なのか？　この国の人々の質樸な習俗とともに、その飾りけのなさを私は賛美する。この国土のゆたかさを見、いたるところに満ちている子供たちの愉しい笑声を聞き、どこにも悲惨なものを見いだすことができなかった私には、おお、神よ、この幸福な情景がいまや終りを迎えようとしており、西洋の人々が彼らの重大な悪徳をもちこもうとしているように思われてならないのである。

ヒュースケン『日本日記』

この本がなるにあたっては、多くの方々からご教示をいただいた。全員の名前を列記することはとてもできないが、おひとりおひとりに心よりの感謝を捧げたい。

それとともに、明治と大正という、ぼくがまだこの国に生まれるまえの時代を体験できたのは、数多くの先人たちによる日本語で書かれた本たちのおかげだった。なかには外国語から翻訳されたものもあるが、ぼくは、母国語である日本語の文字と文章から、この国の明治と大正というはるかに遠ざかりつつある時代を感じることができた。その多くの本たちと著者である先人たちに、敬意と感謝を捧げたいと思う。

巻末に列記させていただいた参考文献は、あくまでこの本のなかに引用させていただいた文献が主であり、ぼくがこの本を書くために学ばせていただいた膨大な書物のなかのごく一部に過ぎないことを申し添えておきたい。

いつもながら、新潮新書編集部の横手大輔氏にはお世話になった。よき編集者に巡りあえた書き手はしあわせだと、前著『悪魔と呼ばれたヴァイオリニスト』のあとがきに書かせていただいたが、この本でも変わらぬ想いをお伝えしたいと思う。

最後に、この本を手にしてくださったすべての方々に心からの感謝を申し上げたい。みなさま、ありがとうございました。

二〇二〇年十月　浦久俊彦

資料年表

明治五年（1872）

●11月。政府は突如、それまでの太陰太陽暦から西欧式の太陽暦への移行を宣言。それまで千年以上にわたり月の満ち欠けとともにあった日本人の生活感覚のリズムとテンポが破壊される。

明治十二年（1879）

●10月。文部省は、西洋音楽の本格的な教育機関として音楽取調掛を創設。東京師範学校長の伊沢修二が取調掛兼務となる。米国人ルーサー・メーソンを音楽教師として招聘。中村専が通訳。宮内省伶人・芝葛鎮、辻則承、奥好義、上眞行、東儀彭質が助教となった。

明治十四年（1881）

●自由民権運動に沸く日本で、憲法制定議論が高まる。

●獨逸學協會が設立される。発起人は、青木周蔵、桂太郎、品川弥二郎、西周ら。日本におけるベートーヴェンをはじめとしたドイツ音楽への傾倒には、国家学としてドイツが規範とされるようになったという背景がある。

明治十五年（1882）

●3月14日。伊藤博文と随員一行、政府の命で憲法調査のためヨーロッパ視察。ベルリンやウィーンで憲法、歴史法学や行政学を学ぶ。

明治十八年（1885）

●2月9日。音楽取調掛から音楽取調所に改称。ただし、12月に再び音楽取調掛に戻る。

●4月。横浜の外国人居留地に建設された横浜パブリックホール開場記念演奏会でベートーヴェンの器楽曲（作品は不明）が演奏された記録あり。

●6月8日。音楽取調所の演習会のプログラムに、はじめてベートーヴェンの作品が登場。記録に残る日本人が聴いた最初のベートーヴェン作品の公開演奏と考えられる。演奏されたのは『ヴァイオリンと管弦楽のためのロマンス　ヘ長調　作品50』。演奏者は、フランスのヴァイオリニスト、モーレル。

明治二十年（1887）

●1月22日。東京電燈会社により東京の街にはじめて配電が開始される。

●2月19日。日本ではじめて交響曲が演奏される。音楽取調掛生徒第2回卒業演習会にて。当時の記録には「シンフオニー　ビートーベン氏作」とあるが、実際に演奏されたのは、ベートーヴェン『交響曲第1番』の第2・第3楽章。卒業生一同による管弦楽演奏とあるが、編成は弦とフルート、クラリネットのみだったと伝えられている。

●10月。音楽取調掛、東京音楽学校（のちの東京藝術大学音楽学部）となる。

明治二十二年（1889）

●2月11日。大日本帝国憲法が公布される（施行は、翌明治23年11月29日）。

●4月。幸田延、文部省より派遣留学を命じられ、日本人初の海外音楽留学生となる。幸田は、明治42年から43年にかけても、ヨーロッパ各都市（ベルリン、ウィーン、パリ、ロンドン）に滞在している。

明治二十七年（1894）

●7月25日。日本と清国のあいだに日清戦争が勃発（終戦は翌明治28年4月17日）。

明治二十九年（1896）

●4月18日。東京音楽学校の同窓会組織である「同声会」演奏会で遠山甲子が『ムーンライト（月光）ソナタ』を演奏する。この頃から同声会演奏会のプログラムには、頻繁にベートーヴェンのピアノ・ソナタやヴァイオリン作品などが登場するようになる。

明治三十一年（1898）

●4月23日。橋本正作と瀧廉太郎がピアノ連弾編曲でベートーヴェンの交響曲第1番を演奏（同声会演奏会にて）。同じ演奏会で幸田幸と内田菊がベートーヴェンのヴァイオリン・ソナタ　イ短調を演奏した。

明治三十二年（1899）

●日本における最初期のベートーヴェン演奏・教育史に大きな功績を果たしたアウグスト・ユンケル（1868-1944）が、東京音楽学校の教師として来日。1912年まで同校でヴァイオリンと管弦楽の教育を担当し、瀧廉太郎、山田耕筰、信時潔など多くの音楽家を育てた。

明治三十三年（1900）

●10月。アウグスト・ユンケル、横浜にベートーヴェン協会（The Beethoven Society）を創設。横浜ゲーテ座を拠点に横浜のアマチュア音楽家を中心とした演奏会を10年にわたり主宰。第1回演奏会は、10月27日に開催。

明治三十六年（1903）

●12月5・6日。東京音楽学校の第9回定期演奏会で、助教授の神戸絢がベートーヴェンのピアノ・ソナタ『アパシオナータ』を演奏する。これは、東京音楽学校でこの曲が演奏された最初と考えられる。

明治三十七年（1904）

●2月8日。日露戦争が勃発（終戦は、翌明治38年9月5日）。

明治三十八年（1905）

●11月25日。海軍軍楽隊による日比谷公園音楽堂での演奏会で、ベートーヴェンの作品（祭典歌劇『シュテファン王』）が演奏される。この年から昭和初期にかけて開催された海軍・陸軍軍楽隊演奏会は、日本における洋楽普及に大きな役割を果たした。

明治四十二年（1909）

●ピアニストの澤田柳吉、日本人ピアニストとしてはじめてピアノ・リサイタルを開催する。澤田は、ベートーヴェンのピアノ・ソナタ『悲愴』の第1楽章（1918年頃）、同曲第3楽章（1924年1月発売）、『月光』ソナタ全曲（1925年1月発売）も録音している。

●12月20日。ベルリンを訪問していた日本人音楽家の幸田延が、フィルハーモニーでのベートーヴェン交響曲第9番の演奏会（指揮：アルトゥール・ニキシュ）に、合唱団の一員として出演。『第九』をはじめて歌った日本人となる。

明治四十五年（1912）

●7月30日。明治天皇が崩御。

大正二年（1913）

●3月25日。東京音楽学校第24回卒業演奏会で、松島彝が『ピアノ協奏曲第1番』の第1楽章を、同年5月31日の学友会春季大演奏会で、石原かずが『ピアノ協奏曲第2番』第1楽章を、各々ピアノ伴奏版で演奏する。

●グスタフ・クローンがユンケルの後任として東京音楽学校に赴任。彼によって、ベートーヴェンの管弦楽作品が本格的に採り上げられるようになった。クローンは指揮者として、日本における12年の在職中、ベートーヴェン全9曲の交響曲の6曲の日本初演をはたした。

大正三年（1914）

●7月28日。オーストリア＝ハンガリー帝国がセルビアに宣戦布告。これをきっかけに第一次世界大戦が勃発（終戦は、1918年11月11日）。

大正四年（1915）

●4月。東京・洛陽堂より、『ベエトオフェンとミレエ』ロマン・ロオラン著（加藤一夫訳）が刊行される。日本における最初のベートーヴェン関連の翻訳単行書籍。

大正六年（1917）

●ベートーヴェン『交響曲第5番』の日本初演が、久留米俘虜収容所のドイツ兵によるオーケストラによって行われる。なお、久留米では『交響曲第8番』が1916年に、また『交響曲第7番』が1919年に、各々日本初演されている。

大正七年（1918）

●6月1日。四国・徳島県の板東俘虜収容所で、ドイツ人捕虜によって日本ではじめて『第九』が全曲演奏される。演奏は、徳島オーケストラと80

人の男声合唱団。指揮は、ヘルマン・ハンゼン。

●12月7日。学友会第2回特別演奏会において、ピアニスト久野久が「ベートーヴェンの午后」というタイトルで、ピアノ・ソナタ『悲愴奏鳴曲』『月光奏鳴曲』『ニ短調奏鳴曲（テンペスト）』『極光奏鳴曲（ワルトシュタイン）』『熱情奏鳴曲』を演奏。日本における最初期のベートーヴェン弾きとしての名声を得る。

大正八年（1919）

●5月31日。東京音楽学校にて『交響曲第6番田園』の日本初演。指揮はグスタフ・クローン。

●12月12日。久保正夫著『ベートーフェンの一生』が、叢文閣より発行。これが日本人著者による日本で最初のベートーヴェン伝記の単行本である。価格は1円80銭。

大正九年（1920）

●ベートーヴェン生誕150年祭が、東京音楽学校での演奏会と雑誌『音楽界』での批評を中心に開催される。

●雑誌『音楽界』に小林愛雄（詩人・翻訳家）が『ベートーヴェン断想』を寄稿。「ベートーヴェンの音楽は、『真』の音楽である。『力』の音楽である。いな彼の音楽は『人生』そのものである」。「彼はその（耳が聞こえない）『運命』に屈しなかった。彼は『運命』と戦い、『運命』を克服した。彼は逆境の恩寵に生きた強者である」。「楽聖」としてのベートーヴェン像が、こうして形成される。

大正十二年（1923）

●9月1日。関東大震災起こる。

大正十三年（1924）

●1月26日。九州・福岡での「摂政裕仁親王（のちの昭和天皇）御成婚祝賀記念演奏会」で、九州帝国大学フィルハーモニー会により、『交響曲第9番』の第4楽章が演奏される。指揮は、初代神経科教授の榊保三郎。

●11月29・30日。東京音楽学校第48回定期演奏会。ベートーヴェン『第9交響曲』全曲の日本初演。指揮は、グスタフ・クローン。この演奏を聴いた音楽評論家の野村光一はその昂奮をこう書き残した。「感動は凄まじいものだった。私はもう夢中になってしまい、帰りには上野公園のなかを友人たちとベートーヴェンの話をべらべら喋りながら歩き、本郷の大通りから日本橋、銀座を経て新橋のたもとまで来てしまった」。

大正十四年（1925）

●3月。山田耕筰、近衛秀麿により日本交響楽協会が設立される。これが、日本のオーケストラ史の幕開けとなる。

●4月20日未明。日本でベートーヴェン弾きとして名声を得た女流ピアニスト、久野久、ウィーン郊外のホテル屋上から投身自殺。

●4月26〜29日。「日露交驩交響管絃樂演奏會」が東京・歌舞伎座で開催される。演奏会は名古屋、京都、大阪、神戸でも行われた。これは日本で初の本格的なオーケストラ公演であった。指揮は、山田耕筰と近衛秀麿。

●7月12日。東京放送局（のちの日本放送協会＝NHK）がラジオ本放送を開始。約5千人の聴取者で出発した同局は、番組確保の目論見もあり、日本交響楽協会への援助を快諾。ここに、日本初の職業オーケストラが誕生し、予約交響楽演奏会が開催されることになる。

大正十五年（1926）

●1月24日。日本交響楽協会の第1回定期演奏会が、青山の日本青年館で開催される。ベートーヴェン『交響曲第3番』などが演奏された。指揮は、近衛秀麿。順調なスタートに思われたが、同年9月に内紛が勃発。山田派と近衛派に分裂する。結果的に、日本交響楽協会を率いる山田側は、わずか4名。残りの約40名は近衛側に付いた。

●10月5日。指揮者、近衛秀麿らにより、新交響楽団（現NHK交響楽団の前身）が設立される。同月22日に東京・四谷の日本青年館で開催された「新交響楽団第1回研究発表演奏会」では、ベートーヴェン『交響曲第4番』他が演奏された。

●12月25日。大正天皇が崩御。

昭和二年（1927）

●ベートーヴェン没後100年。4月。前年に結成されたばかりの新交響楽団は、6夜にわたる「ベートーヴェン百年祭記念大演奏会」を開催。

●4月28日。第1夜。レオニード・コハンスキーのピアノ独奏で、『ピアノ協奏曲第4番』『ピアノ協奏曲第5番　皇帝』が演奏される。指揮は、ヨゼフ・ケーニヒ。

●5月3日。第4夜に、『第九』が演奏される。指揮はケーニヒ。近衛秀麿が腸チフスに罹ったため、初の「日本人のみの第九」は実現せず。

昭和六年（1931）

●5月。日本の音楽ファンに大きな影響を与えた名ヴァイオリニスト、ヨゼフ・シゲティが来日。「シゲティ提琴大演奏会」と題して、リサイタルを中心としたコンサートツアーを行うが、クライマックスは、6月17日に日本青年館で行われた新交響楽団（指揮：近衛秀麿）による「ベートーヴェンの夕べ」での『ヴァイオリン協奏曲ニ長調』だった。

●9月18日。満州事変起こる。

昭和十二年（1937）

●7月7日。日中戦争はじまる。

昭和十三年（1938）

●12月26・27日。東京・歌舞伎座でジョゼフ・ローゼンシュトック指揮による新交響楽団の『第九』特別演奏会が開催される。これが、のちに日本の暮れの風物詩となった『年末の第九』のはしりとなった。

昭和十四年（1939）

●5月20日。東京内幸町の放送会館完成を祝し、広大な第一スタジオでベートーヴェンの『交響曲第9番』が演奏され、ライブ放送された。管弦楽は新交響楽団、合唱は東京高等音楽学院と玉川学園。指揮は、ローゼンシュトック。

●9月1日。ドイツ軍がポーランドに侵攻。9月17日には、ソビエト連邦軍がポーランド領内に侵攻。イギリスとフランスはドイツに宣戦布告。第二次世界大戦がはじまる。

昭和十五年（1940）

●9月。日本はドイツ・イタリアと日独伊三国軍事同盟を締結。同月、帝国劇場閉鎖。

●10月。ダンスホール禁止。大日本音楽協会解散。翌月には、大日本作曲家協会も解散。

●12月31日。この年は、神武天皇の即位2600年目を祝う「紀元2600年奉祝」にあたり、そのクライマックスとして、午後10時30分から、日本放送交響楽団（新交響楽団の放送局用名称）と、ローゼンシュトック指揮による『第九』がライブ放送された。

昭和十六年（1941）

●12月8日。太平洋戦争（大東亜戦争）がはじまる。

●12月28日。同年に設立された松竹交響楽団による「純益を国防献金に。闘う同胞にささげる音楽会」が開催される。この演奏会では、ベートーヴェン作曲『エグモント序曲』や『愛国行進曲』が演奏された。指揮は、アウグスト・ユンケル。

昭和十七年（1942）

●1月。楽壇からカタカナが追放される。

●4月。新交響楽団、日本交響楽団と改称。4月29日に共立講堂で開催された「財団法人日本交響楽団発会式」では、『越天楽（近衛秀麿：編曲）』に続いて、『交響曲第5番　運命』が演奏された。指揮は、山田和男。

昭和十八年（1943）

●2月。松竹交響楽団が、大東亜交響楽団と改称。

●3月。『音楽之友』3月号誌面に、「廃退音楽を追放」という記事が掲載される。ジャズや敵性米英音楽を排除する傾向が強まる。ジャズ・レコードを中心とする約1000種が不適当として演奏中止が要請される。しかし、ドイツは軍事同盟国であったために、ベートーヴェンの音楽は戦時中も継続的に演奏された。

●9月。日本弦楽四重奏団、ベートーヴェン弦楽四重奏曲全曲演奏第1回。

昭和十九年（1944）

●2月。政府は閣議で決戦非常措置要綱を決定。その結果として高級享楽を禁止するなどの措置が3月から行われ、全国19の大劇場も一年間閉鎖されることが決まる。

昭和二十年（1945）

●6月22日。日本交響楽団が『第九』演奏をラジオで生放送する（指揮：尾高尚忠）。

●8月15日。終戦。

●9月14・15日。終戦後初の東京でのベートーヴェン交響曲の演奏は、日比谷公会堂での『交響曲第3番　英雄』。日本交響楽団。指揮：尾高尚忠。

●10月3日。「希望音楽会」放送で、ベートーヴェンの音楽がラジオで流れる。曲目は、『月光奏鳴曲』（演奏：原智恵子）、『ロマンス　へ長調』（演奏：巌本真理）、『運命交響曲』（日本交響楽団　指揮：山田和男）。

●12月。音楽界にも戦争犯罪人論争起こる。音楽評論家でベートーヴェン研究家でもあった山根銀二が、『東京新聞』紙上で音楽界の重鎮であった山田耕筰を痛烈に批判。山田もこれに反論した。

昭和二十二年（1947）

●学習指導要領に「ヨーロッパ音楽の音組織を音楽教育の基礎として教える」という方針が示される。

昭和二十五年（1950）

●ベートーヴェン生誕180年記念演奏会が各地で開催される。

昭和三十年（1955）

●5月。米国のオーケストラ、シンフォニー・オブ・ジ・エアが来日。東京、名古屋、宝塚、京都、広島、福岡などで全13公演の全国ツアーを行う。ベートーヴェン作品としては、『交響曲第5番　運命』を演奏した。この頃から、海外オーケストラの来日公演が活発に行われるようになる。

昭和三十二年（1957）

●11月。ヘルベルト・フォン・カラヤン率いるベルリン・フィルハーモニー管弦楽団が来日。全国16公演にわたる日本ツアーを行い、日本におけるカラヤン・ブームのきっかけとなる。11月22日の東京体育館における最終公演では、NHK交響楽団と共演で、『交響曲第5番　運命』を演奏した。

昭和四十五年（1970）

●大規模な「ベートーヴェン生誕200年記念演奏会」が、1月30日から12月16日まで全5期43回にわたって行われた。NHK交響楽団は、4月から5月にかけて、ヴォルフガング・サヴァリッシュ指揮による交響曲全曲を含む主要管弦楽作品の大規模な演奏会「ベートーヴェン生誕200年記念　ベートーヴェン・シリーズ」を開催。フィナーレは、12月16日、日本武道館での読売日本交響楽団（指揮：ハンス・シュミット＝イッセルシュテット）による『第九』であった。この頃から、「年末の第九」が全国で急増する。この年だけで全国48公演が開催された。これは、5年前の倍の数字になる。

主要参考文献

『秋の日本』ピエール・ロチ著、村上菊一郎・吉氷清訳、角川書店　1953年
『兄のトランク』宮沢清六著、筑摩書房　1991年
『意志と表象としての世界（1・2・3）』ショーペンハウアー著、西尾幹二訳、中央公論新社　2004年
『NHK交響楽団五十年史』NHK交響楽団編、日本放送出版協会　1977年
『NHK交響楽団四十年史』NHK交響楽団編、日本放送出版協会　1967年
『王道楽土の交響楽〜満洲——知られざる音楽史』岩野裕一著、音楽之友社　1999年
『欧米人の見た開国期日本〜異文化としての庶民生活』石川榮吉著、角川書店　2019年
『大阪遷都論』木崎愛吉著、堀越日進堂　1918年
『音楽家　近衞秀麿の遺産』藤田由之編、音楽之友社　2014年
『音楽機械劇場』渡辺裕著、新書館　1997年
『音樂五十年史』堀内敬三著、鱒書房　1942年
『音樂雜誌』全七十七号、補巻一冊（復刻版）、出版科学総合研究所　1984年
『音楽史の基礎概念』カール・ダールハウス著、角倉一朗訳、白水社　2004年
『音楽社会学入門』アルフォンス・ジルバーマン著、吉崎道夫訳、音楽之友社　1958年

主要参考文献

『音楽新潮　昭和二年（第四巻）六月号』十字屋楽器店内音楽新潮発行所　1927年
『音楽粋史〜チョボクレ節からシンフォニーまで』田辺尚雄著、日本出版協同　1953年
『音楽と言語』T・G・ゲオルギアーデス著、木村敏訳、講談社　1994年
『音楽と生活〜兼常清佐随筆集』兼常清佐著、杉本秀太郎編、岩波書店　1992年
『音楽と中産階級〜演奏会の社会史』ウィリアム・ウェーバー著、城戸朋子訳、法政大学出版局　1983年
『音楽とわたくし』中島健蔵著、講談社　1974年
『音楽の殿様・徳川頼貞〜一五〇〇億円の〈ノーブレス・オブリージュ〉』村上紀史郎著、藤原書店　2012年
『音樂は愉し〜黎明期音盤収集家随想』野村あらえびす著、音楽之友社　2014年
『音楽明治百年史』堀内敬三著、音楽之友社　1968年
『樂聖の話』門馬直衞著、新興音樂出版社　1942年
『「楽聖」ベートーヴェンの誕生〜近代国家がもとめた音楽』西原稔著、平凡社　2000年
『樂聖をめぐる』藤本義輔著、四六書院　1931年
『荷風全集　第五巻　ふらんす物語』永井荷風著、岩波書店　1992年
『荷風小説　二』永井壮吉著、岩波書店　1986年
『漢字と日本人』高島俊男著、文藝春秋　2001年

『近代日本女性史５　音楽』渡鏡子著、鹿島研究所出版会　１９７１年
『現代日本の開化』（夏目漱石『私の個人主義』講談社　１９７８年）より
『厚生音樂全集　第一巻』湯浅永年・早坂文雄ほか著、新興音樂出版社　１９４２年
『幸田姉妹～洋楽黎明期を支えた幸田延と安藤幸』萩谷由喜子著、ショパン　２００３年
『幸田延の「滞欧日記」』瀧井敬子・平高典子編著、東京藝術大学出版会　２０１２年
『国歌と音楽～伊澤修二がめざした日本近代』奥中康人著、春秋社　２００８年
『近衛秀麿～日本のオーケストラをつくった男』大野芳著、講談社　２００６年
『社団法人日本レコード協会50年史～ある文化産業の歩いた道』50周年委員会年史編纂ワーキング・グループ編、日本レコード協会　１９９３年
『ジャン・クリストフ』ロマン・ローラン著、豊島与志雄訳、岩波書店　１９８６年
『証言／日本洋楽レコード史（戦前編・戦後篇・一）』歌崎和彦編著、音楽之友社　１９９８、２０００年
『西方の音』五味康祐著、新潮社　１９６９年
『セイヤー　ベートーヴェンの生涯（上・下）』エリオット・フォーブズ校訂、大築邦雄訳、音楽之友社、１９７１‐７４年
『西洋靴事始め～日本人と靴の出会い』稲川實著、現代書館　２０１３年
『西洋の音、日本の耳～近代日本文学と西洋音楽』中村洪介著、春秋社　１９８７年
『漱石が聴いたベートーヴェン』瀧井敬子著、中央公論新社　２００４年

主要参考文献

『増補　想像の共同体』ベネディクト・アンダーソン著、白石さや・白石隆訳、NTT出版　1997年
『第九～歓喜のカンタービレ』櫻井知子企画／編集、ネット武蔵野　2006年
『〈第九〉と日本人』鈴木淑弘著、春秋社　1989年
『第九「初めて」物語』横田庄一郎著、朔北社　2002年
『大正デモクラシー』成田龍一著、岩波書店　2007年
『大正という時代～「100年前」に日本の今を探る』毎日新聞社編、毎日新聞社　2012年
『宝塚歌劇の変容と日本近代』渡辺裕著、新書館　1999年
『提琴有情～日本のヴァイオリン音楽史』松本善三著、レッスンの友社　1995年
『徹底検証　日本の軍歌～戦争の時代と音楽』小村公次著、学習の友社　2011年
『ドイツ音楽』クロード・ロスタン著、吉田秀和訳、白水社　1966年
『ドイツ史10講』坂井榮八郎著、岩波書店　2003年
『東京芸術大学百年史　東京音楽学校篇　第一巻』東京芸術大学百年史編集委員会編、音楽之友社　1987年
『東京フィルハーモニー交響楽団八十年史』東京フィルハーモニー交響楽団編、東京フィルハーモニー交響楽団　1991年
『ドレミを選んだ日本人』千葉優子著、音楽之友社　2007年

『なぜ日本人はモーツァルトが好きなのか』匠薫著、幻冬舎ルネッサンス　2012年
『夏目漱石とクラシック音楽』瀧井敬子著、毎日新聞出版　2018年
『鳴り響く思想〜現代のベートーヴェン像』大宮眞琴・谷村晃・前田昭雄監修、東京書籍　1994年
『日仏交感の近代〜文学・美術・音楽』宇佐美斉編著、京都大学学術出版会　2006年
『日本オペラ史〜1952』増井敬二著、昭和音楽大学オペラ研究所編、水曜社　2003年
『日本音楽の歴史』吉川英史著、創元社　1965年
『日本型「教養」の運命〜歴史社会学的考察』筒井清忠著、岩波書店　1995年
『日本近現代史入門〜黒い人脈と金脈』広瀬隆著、集英社インターナショナル　2016年
『日本事物誌（1・2）』チェンバレン著、高梨健吉訳、平凡社　1969年
『日本人と西洋文化』にしくにさき著、未知谷　2020年
『日本における西洋医学の先駆者たち』ジョン・Z・バワーズ著、金久卓也・鹿島友義訳、慶應義塾大学出版会　1998年
『日本におけるベートーヴェン受容　I〜V』福本康之著、国立音楽大学音楽研究所年報　1999〜2004年
『日本の音楽を考える』小島美子著、音楽之友社　1976年
『日本の吹奏楽史　1869-2000』戸ノ下達也編著、青弓社　2013年
『日本の洋楽1・2〜ペリー来航から130年の歴史ドキュメント』大森盛太郎著、新門出版社

１９８６／８７年
『日本の洋楽百年史』井上武士監修、秋山龍英編著、第一法規　１９６６年
『日本文化モダン・ラプソディ』渡辺裕著、春秋社　２００２年
『日本洋楽外史～日本楽壇長老による体験的洋楽の歴史』野村光一・中島健蔵・三善清達著、ラジオ技術社　１９７８年
『日本論～文字と言葉がつくった国』石川九楊著、講談社　２０１７年
『値段の明治・大正・昭和風俗史（正・続）』週刊朝日編、朝日新聞社　１９８１年
『バッハよりシェーンベルヒ』大田黒元雄著、音樂と文學社　１９１５年
『ピアニストという蛮族がいる』中村紘子著、文藝春秋　１９９２年
『ＰＲソングの社会史』前川和彦著、合同出版　１９７４年
『ヒュースケン「日本日記」』青木枝朗訳、校倉書房　１９７１年
『ブラスバンドの社会史～軍楽隊から歌伴へ』阿部勘一・細川周平ほか著、青弓社　２００１年
『ふらんす物語』永井荷風著、新潮社　１９５１年
『ベートーヴェン（上・下）』メイナード・ソロモン著、徳丸吉彦・勝村仁子訳、岩波書店　１９９２‐９３年
『ベートーヴェン～偉大な創造の生涯』Ｈ・Ｃ・ロビンズ・ランドン著、属啓成監修、深沢俊訳、新時代社　１９７０年

『ベートーヴェン～音楽と生涯』ルイス・ロックウッド著、土田英三郎・藤本一子監訳、沼田隆・堀朋平訳、春秋社　2010年
『ベートーヴェン研究』小原國芳編、イデア書院　1927年
『ベートーヴェン大事典』バリー・クーパー著、平野昭・西原稔・横原千史訳、平凡社　1997年
『ベートーヴェンと蓄音機』五味康祐著、角川春樹事務所　1997年
『ベートーヴェンの死』兼常清佐著、岩波書店　1927年
『ベートーヴェンの生涯』ロマン・ロラン著、片山敏彦訳、岩波書店　1965年
『ベエトオフェンとミレエ』ロマン・ロオラン著、加藤一夫訳、洛陽堂　1915年
『ベートーフェンの一生』久保正夫著、叢文閣　1919年
『別冊太陽　ベートーヴェン交響曲第九番「合唱付」』藤田由之監修、平凡社　1987年
『翻訳語成立事情』柳父章著、岩波書店　1982年
『「舞姫」の主人公をバンカラとアフリカ人がボコボコにする最高の小説の世界が明治に存在したので20万字くらいかけて紹介する本』山下泰平著、柏書房　2019年
『都新聞藝能資料集成～大正編』矢野誠一著、白水社　1991年
『宮沢賢治とベートーヴェン～病と恋』多田幸正著、洋々社　2008年
『宮沢賢治の音楽』佐藤泰平著、筑摩書房　1995年
『明治生まれの日本語』飛田良文著、淡交社　2002年

主要参考文献

『明治音楽史考』遠藤宏著、有朋堂　1948年
『明治改暦〜「時」の文明開化』岡田芳朗著、大修館書店　1994年
『明治・大正家庭史年表1868→1925』下川耿史・家庭総合研究会編、河出書房新社　2000年
『明治のワーグナー・ブーム〜近代日本の音楽移転』竹中亨著、中央公論新社　2016年
『明治は生きている〜楽壇の先駆者は語る』宮沢縦一編著、音楽之友社　1965年
『メッテル先生〜朝比奈隆・服部良一の楽父――亡命ウクライナ人指揮者の生涯』岡野弁著、リットーミュージック　1995年
『夢見る趣味の大正時代』湯浅篤志著、論創社　2010年
『洋楽事始〜音楽取調成績申報書』伊沢修二編著、山住正己校注、平凡社　1971年
『洋楽導入者の軌跡〜日本近代洋楽史序説』中村理平著、刀水書房　1993年
『横浜ゲーテ座〜明治・大正の西洋劇場　第二版』升本匡彦著、岩崎博物館出版局　1986年
『横浜・大正・洋楽ロマン』齋藤龍著、丸善　1991年
『レコードの文化史』クルト・リース著、佐藤牧夫訳、音楽之友社　1969年
『鹿鳴館〜擬西洋化の世界』富田仁著、白水社　1984年
『私のベートーヴェン』帰徳書房編、帰徳書房　1978年

浦久俊彦　1961年生まれ。文筆家・文化芸術プロデューサー。一般財団法人欧州日本藝術財団代表理事。サラマンカホール音楽監督。著書に『フランツ・リストはなぜ女たちを失神させたのか』など。

Ⓢ新潮新書

884

ベートーヴェンと日本人《にほんじん》

著　者　浦久俊彦《うらひさとしひこ》

2020年11月20日　発行

発行者　佐　藤　隆　信

発行所　株式会社新潮社

〒162-8711　東京都新宿区矢来町71番地
編集部(03)3266-5430　読者係(03)3266-5111
https://www.shinchosha.co.jp

印刷所　錦明印刷株式会社

製本所　錦明印刷株式会社

ISBN978-4-10-610884-6　C0273